古典文獻研究輯刊

十六 編

潘美月・杜潔祥 主編

第 23 冊

《推背圖》研究（上）

翁 常 鋒 著

國家圖書館出版品預行編目資料

《推背圖》研究（上）／翁常鋒　著 — 初版 — 新北市：花木
蘭文化出版社，2013〔民 102〕
序 4+ 目 2+148 面；19×26 公分
（古典文獻研究輯刊 十六編；第 23 冊）
ISBN：978-986-322-174-6（精裝）
1. 預言
011.08   102002362

ISBN-978-986-322-174-6

9 789863 221746

古典文獻研究輯刊
十六編　第二三冊　　　　　　　ISBN：978-986-322-174-6

《推背圖》研究（上）

作　　　者　翁常鋒
主　　　編　潘美月　杜潔祥
總 編 輯　杜潔祥
企劃出版　北京大學文化資源研究中心
出　　　版　花木蘭文化出版社
發 行 所　花木蘭文化出版社
發 行 人　高小娟
聯絡地址　235 新北市中和區中安街七二號十三樓
　　　　　電話：02-2923-1455 ／傳真：02-2923-1452
網　　　址　http://www.huamulan.tw 信箱 sut81518@gmail.com
印　　　刷　普羅文化出版廣告事業
初　　　版　2013 年 3 月
定　　　價　十六編 30 冊（精裝）新台幣 50,000 元

《推背圖》研究（上）

翁常鋒　著

作者簡介

翁誌聰，法名翁常鋒，歸依法鼓山聖嚴法師。香港珠海大學中國文學博士，師承著名漢學家、香港大學名譽教授何沛雄博士。一九九二年國家高等考試及格，歷任國立成功大學文學院助教、國立臺灣大學文學院技士、世新大學講師、臺北市立圖書館主任、臺北市文化局主任、臺北市文獻委員會執行秘書、臺北市立美術館代理館長及中華民國口述歷史學會理事長。

提　　要

　　《推背圖》相傳乃唐李淳風、袁天綱（罡）共撰，為中國最著名預言書。此書預言歷代興衰，有圖有讖，詩句模擬兩可，歷來各家說法紛紜，多乏嚴謹文史考據及學術研究基礎，積非成是、穿鑿附會尤多，本研究嘗試從學術研究及歷史高度，蒐羅唐、宋、元、明、清乃至民國以來相關資料，除正史記載及朝廷禁令，也包括歷代文人筆記及小說等著錄，乃至近代、當代學者研究，宏觀梳理《推背圖》源起及其流傳脈絡，揭開神秘面紗，還其本來面目，進而探究其對中華文化甚至凝聚民族情感的影響與意義。

　　本研究取材資料頗眾，資料來源包括臺灣、大陸、香港、日本、美國、加拿大、德國、荷蘭、澳洲等地，範圍可謂至廣。研究方法則因各章內容不同而有所分別，包括探源、版本、考證、闡述等途徑，從《推背圖》源起、作者問題、版本流傳、價值影響，逐一探討釐清。尤其探討作者問題，不僅排除李淳風、袁天綱（罡）共作《推背圖》之說，也論證金聖嘆批註《推背圖》一事，亦屬杜撰偽託。

　　《推背圖》千年流傳、屢禁不絕，猶能影響各朝歷代如此深遠，此誠其研究價值所在，簡言之，《推背圖》宛若「圖讖版」的中國歷代興衰史。本研究希能在前人研究基礎上，集《推背圖》研究之大成，發前人所未見，為古典文獻研究作出貢獻。

《推背圖》研究的集大成

黃秀政

　　《推背圖》是中國最著名的圖讖預言書。其書共分六十「象」，每一象均包括：

　　讖、頌、圖。讖語四句，為預兆解，主要告訴什麼大事發生；頌曰四句，為內容的詩歌加以解釋，並補充讖語，所以讖和頌的內容會重複；圖則直指預言與何人或何事有關。《推背圖》相傳為唐代李淳風、袁天綱〈罡〉合撰，其書名取自第六十象，也就是最後一象：「萬萬千千說不盡，不如推背去歸休」。

　　《推背圖》圖讖預言唐朝以來歷代政治興衰，倘以現今科學實證的角度觀之，看似荒誕無稽，但細究其所以流傳至今，確有極其複雜背景及原因。也就是說，這些「天命之說」、「祥異示象」、「讖緯術數」等傳統思想，始於先秦，之後發展「沛然莫之能禦」，史不絕書，口耳相傳，早已根深柢固，深植人心，確實影響中華文化深遠；並且提供《推背圖》源源不絕蘊生養份，故而《推背圖》雖然歷經宋、元、明、清各朝的查禁，但猶能流傳至今日，自有其發展背景及道理。特別是八年抗戰期間，國難當頭之際，確也發揮激勵民心之效，故而即便視《推背圖》為偽妄迷信書刊者，也不宜斷然否定其民間影響力及其背後所代表的文化現象。簡言之，《推背圖》的流傳史堪稱為「圖讖版」的中國歷代興衰史，實不宜將其歸類為迷信偽妄之書，而不予深究其流傳背後的意義與價值。

　　《推背圖》版本不一，歷來各家說法紛紜。現今坊間最為盛行的版本，乃 1915 年 5 月上海文明書局《中國預言》所輯金聖嘆批註《推背圖》，嗣經朱肖琴於 1947 年編入《中國預言八種》，由蔣維喬題序、上海廣益書局出

版。自金聖嘆批註本刊行以來，歷經洪憲帝制、日本侵華、國共內戰，社會動盪，征戰不斷；加以何海鳴、錢玄同、魯迅、茅盾、郁達夫、冰心、蔡東陽等名家筆記、小說一再敘及《推背圖》，更使其書風行海內外，甚至末代皇帝溥儀長年手邊也持《推背圖》聊以慰藉。惟金批本雖最享盛名，但考其內容，不論其金批自序、成語用典、版本內容、出版年代，甚至其輾轉流傳說法，相關的人、事、物皆有可疑，均值得進一步研究，以正視聽。

有鑒於《推背圖》值得深入的研究，本書作者數年前遠赴香港珠海大學中國文學研究所進修時，乃以「《推背圖》研究」爲題，在著名漢學家、香港大學名譽教授何沛雄博士的指導下，進行研究，完成博士論文，經兩年的修訂，刊行問世。全書除第一章緒論與第八章結論外，共分六章，另有「附圖」48 幅、「金聖嘆批註《推背圖》」全文。第二章用探源法，探討《推背圖》的起源、釋義，乃至於作者問題。自唐代敦煌殘卷《大雲經疏》以降，關於《推背圖》之記載予以探源，並且從作者考訂生平事蹟及其著作，探究相傳《推背圖》作者爲李淳風及袁天綱〈罡〉，以及金聖嘆批註之說，並檢視其眞實性如何。第三章用版本法，以考辨現存不同版本《推背圖》及其差異。版本蒐集不止侷限兩岸三地，甚至擴及美國、日本、德國、荷蘭、澳洲等國，以求周延完備；惟《推背圖》迭遭查禁傳抄過程中，不止魯魚亥豕，所記圖讖亦隱晦不明，各家解讀互異，未有定論，故本書未特別針對各版本圖讖文字著墨探析，以免龐雜失焦。惟世傳金聖嘆批註之版本，因流行最廣，特予專節探討，以辨析其眞僞。

第四章用考證法，以探究《推背圖》的蘊生背景。從相關正史及典籍資料中，重點鉤稽有關「天命之說」，「巫祝祥異」、「讖緯術數」之記載，藉以論述《推背圖》之所以蘊生、流傳的源頭養份與時空背景。第五章用考證法，考訂《推背圖》的歷代流傳脈絡及其轉折變貌。從歷代屢禁不絕，文人官紳私下傳抄收藏，乃至爲民間祕密宗教及政治革命團體所用，千百年來流傳遍及各地，海內外學術機關、團體及個人收藏，可見《推背圖》流傳之廣。

第六章用闡述法，以說明《推背圖》之文藝特點與影響，以及各家對《推背圖》眞僞之論述。另外，並從劉勰《文心雕龍》之〈諧隱〉專章角度切入探討《推背圖》之文藝特點，論述《推背圖》對後世文藝之影響。第七章論述各家觀點，或爲信之不疑者，或爲斥爲僞妄者，或爲存疑保留者，信疑互見。

　　誠如前述，本書取材豐富，資料來源包括海內外各地，範圍至廣。研究方法相當縝密，見解精闢；考訂嚴謹，或探究本源，或考訂版本，或考證流傳的時空背景，或論述其文藝特點與影響，其成爲《推背圖》研究的集大成著作，乃非僥倖。

　　本書作者翁誌聰博士於 1992 年國家高等考試及格，歷任國立成功大學文學院助教、國立台灣大學文學院技士、世新大學講師、台北市立圖書館主任、台北市文化局主任、台北市立美術館代理館長等職，現任台北市文獻委員會執行秘書、中華民國口述歷史學會理事長。翁博士人如其文，實事求是，主持文獻會並領導口述歷史學會，會務處理有條不紊，深獲文獻會同仁與口述歷史學會團體成員的敬重。

　　翁誌聰博士除了是稱職的高階文官與社團領導人以外，也是一位治學嚴謹的學者。2010 年 7 月，通過博士學位論文口試後，他除了利用公務之餘修訂論文，也委請本人協助刪訂。本人在刪訂的過程中，發現其論義見解新穎，深具學術參考價值，乃向花木蘭文化出版社推薦，由該社列入《古典文獻研究輯刊》第 16 編，正式出版。茲值出版前夕，特綴數言，除略述翁博士撰寫該書的原委，並指出該書的貢獻與價值。是爲序。

前國立中興大學文學院院長　黃秀政

2013 年元旦

目次

唐《大雲經疏》S6502

宋《分門古今類事》

隋帝恁地荒淫无道，那唐公李淵起兵入長安，向地名江都將煬帝殺了，立他代王名侑的做息帝；又受隋禪讓革命為唐，秦王名世民的，那哥哥太子建成，纔證之議用房元齡、杜如晦做宰相，用李靖虞世德做將帥正觀年間，米斗三錢，外戶不閉焉；天下死刑只有二十九人當時恁地太平，太宗皇帝一日宣喚袁天綱入司天臺觀親天文推測度，拳起居聖寫，太宗待觀他算佃甚麼文字，袁天綱達前將太宗背推住叫：「陛下不要著惱！」便口占一詩讌：

　亡産天運此中求，　　　世代興亡不自由。
　萬歲千千說不盡，　　　何如推背去來休。

袁天綱道：「天地萬物，莫能逃乎天地有時傾照日月有時晦蝕韓魏國祚之所以生發者有一個定的數在其閒終是躲避不過」那麼上分明寫出兩句來道個甚的？

三

宋《五代梁史平話》

元《歷世真仙體道通鑑》

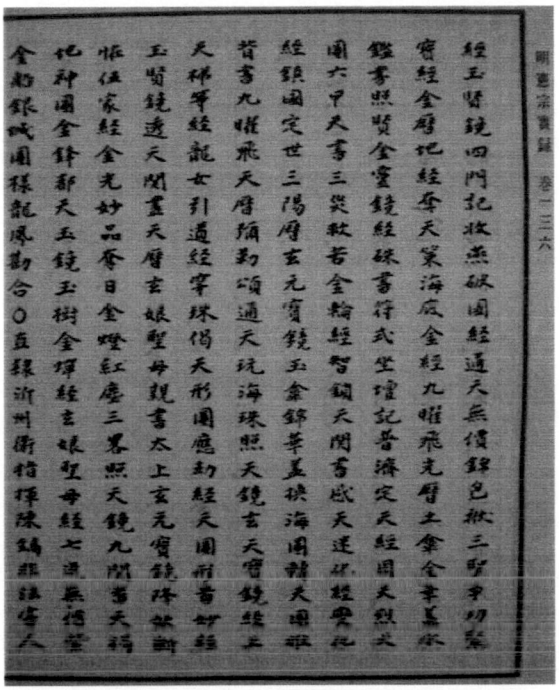

明《憲宗實錄》

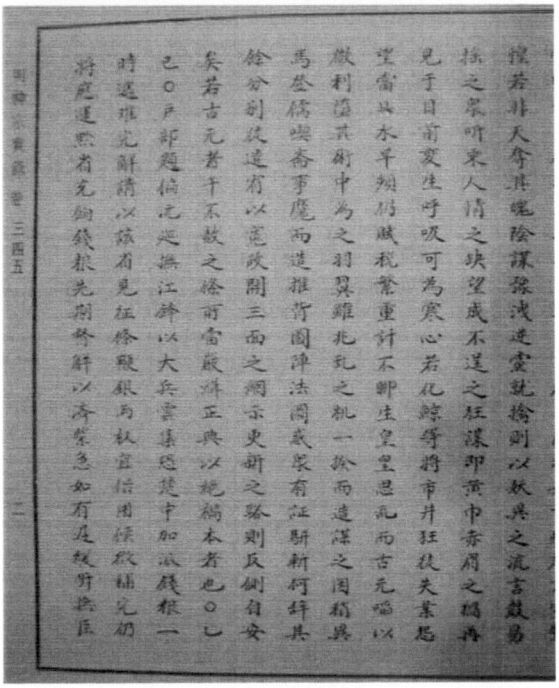

明《神宗實錄》

清《世宗憲皇帝硃批諭旨》

《脂硯齋甲戌抄閱重評石頭記》

民國四年《中國預言》

民國二十四郁達夫〈上海茶樓〉

第一章 緒 論

第一節 寫作動機

    《推背圖》乃中國最著名的圖讖預言書。相傳爲唐李淳風及袁天綱（罡）共作圖讖，自宋朝以來，其書名屢見於歷代正史及民間筆記小說。儘管朝廷視爲妖言禁書，但在民智未開的封建社會，民間仍私傳不絕，即便是科學昌明、知識普及的現代社會，信之不疑者仍大有人在，且不乏飽學之士，究其因，實根源自濃厚傳統思想及複雜的文化、社會、政治交互牽引所致。《推背圖》傳世至今，版本不一，歷來各家說法紛紜，缺乏嚴謹文史考據及學術研究基礎，積非成是尤多，牽強附會神驗天書者，反蔚爲主流。

    雖然《推背圖》圖讖預言唐朝以來歷代政治興衰，倘以現今科學實證的角度觀之，看似荒誕無稽，但細究其之所以流傳至今，確有極其複雜背景及原因，也就是說，這些「天命之說」、「祥異示象」、「讖緯術數」等傳統思想，始於先秦，之後發展「沛然莫之能禦」，史不絕書、口耳相傳，早已根深柢固深植人心，確實影響中華文化深遠，並且提供《推背圖》源源不絕蘊生養份，故而《推背圖》雖然歷經宋、元、明、清朝廷的查禁，但猶能流傳至今日，自有其發展背景及道理，特別是民國抗日時期，國難當頭之際，確也發揮激勵民心之效，故而即便視《推背圖》爲僞妄迷信書類者，也不宜斷然否定其民間影響力及背後所代表的文化現象，是值得重視的。簡言之，《推背圖》的流傳史堪稱爲「圖讖版」的中國歷史興衰史，實不宜將其歸類於迷信僞妄之書，而不予深究其流傳背後的意義與價值。

　　《推背圖》流傳至今，不只透過口語及紙本傳播，2007 年香港無線電視翡翠台「天機算」及大陸中央電視台「西安事變」劇集，更分別以現代影視文本重新詮釋改編，透過無遠弗屆的電子傳播，吸引廣大影視年輕族群知曉《推背圖》一書，2008 年中華民國總統大選前，也有術數家搬出《推背圖》預言勝出者，2009 年香港信報專欄作家余錦賢亦引用《推背圖》的蘊義，暢談金管局總裁任志剛的去留，〔註1〕甚至，2012 年中華民國總統大選前，三組候選人馬英九、蔡英文、宋楚瑜擁護者也分別援引《推背圖》預言，強調天命所歸，〔註2〕以上皆在兩岸三地引起熱烈討論，藉由 Google 搜尋引擎檢索「推背圖」三字，即有 1,200 萬筆資料可資證明，〔註3〕顯見其影響力透過網路傳播及討論，更是無遠弗屆。然而檢視有關《推背圖》網路資訊內容，以訛傳訛、人云亦云之見充斥氾濫，實有必要透過嚴謹學術研究，還其本來面貌，以及應有歷史定位。

　　《推背圖》流傳版本眾多，善本古籍分別典藏於兩岸國家圖書館、〔註4〕中研院傅斯年圖書館、北京大學圖書館、〔註5〕中國歷史博物館、〔註6〕香港中文大學圖書館、哈佛大學燕京圖書館、柏克萊加州大學東亞圖書館、美國國會圖書館、東京大學東洋文化研究所、荷蘭萊頓大學、澳洲國立大學等處，足見有其歷史及文化研究價值。

　　再者，中國大陸自從開放改革後，古籍拍賣市場隨之應運而生，不少的古舊善本《推背圖》亦相繼出現在流通市場，由於大陸古籍資料的公開與制度化，更有助本研究對《推背圖》版本考辨，也更能廓清《推背圖》神奇圖讖背後，實多出於後人改寫編造所致。

〔註1〕余錦賢：〈任總去留推背圖〉，《香港信報》，2009 年 2 月 27 日，時事評論專欄。

〔註2〕三組候選人擁護者皆分別援引《推背圖》不同版本，支持馬英九、蔡英文者以金聖嘆批註本《推背圖》第四十四象、第四十二象各擁其主、支持宋楚瑜者則以古繪本《推背圖》「階基一屋將倒，有一人做柱頂之頭有斗拱」之象，圖中一人「頭戴斗」，有如「宋」字，認爲應讖，天命難違。

〔註3〕Google 檢索《推背圖》資料，上網日期：2012 年 12 月 30 日。

〔註4〕詳見臺灣國家圖書館《中文古籍書目資料庫》http://nclcc.ncl.edu.tw/ttsweb/rbookhtml/intr.htm，上網日期：2012 年 11 月 19 日。

〔註5〕北京大學圖書館編：《北京大學圖書館藏古籍善本書目》（北京：北京大學圖書館出版社，1999 年），頁 260。

〔註6〕中國歷史博物館圖書資料信息中心編：《中國歷史博物館藏普通古籍目錄》（北京：北京圖書館出版社，2002 年），頁 282。

　　晚清以來，文人筆記甚或坊間傳言溥儀、袁世凱及孫中山皆與《推背圖》有所關連，經本研究查考資料，溥儀在自傳中自承長年隨身攜帶《推背圖》、袁世凱在取得總統大位前，亦有支持者藉《推背圖》為其造勢，擔任總統後，則又有查禁《推背圖》之事；至於坊間援引陶德琨遺稿所記孫中山先生因《推背圖》預言，而讓位大總統予袁世凱，蓋為附會之說，言出無據，不可憑信。〔註7〕此在本研究第五章第三節〈民國以來流傳考〉專節有詳細考辨。

　　現今坊間最為盛行之版本，乃一九一五年五月上海文明書局初版《中國預言》所輯金聖嘆批註《推背圖》，嗣經朱肖琴於一九四七年編入《中國預言八種》，由蔣維喬題序、上海廣益書局出版。自金批本刊行以來，歷經洪憲帝制、日本侵華、國共內戰，社會動盪，征戰不斷，加以何海鳴、錢玄同、魯迅、茅盾、郁達夫、冰心、蔡東陽等名家筆記、小說一再敘及《推背圖》，更使其書風行益盛，甚至末代皇帝溥儀長年手邊也有《推背圖》聊以慰藉，尤其在抗日期間，上海書報攤隨處可見其刊本，街談巷議口耳相傳其中預言日本終敗「一朝聽得金雞叫，大海沉沉日已過」。影響所及，不只全國風行，即便當時已受日本佔領統治的臺灣，有心之士也從上海取得《推背圖》，干冒危險私下傳印，〔註8〕而抗日時期，政局主事者對此類可以鼓舞普羅大眾心理的中國預言書，並未禁絕、反似默許，任由街坊刊印發行。惟由於中國文字具多義性、可拆解組合另成新義的特徵，以及《推背圖》詩讖語意隱晦不明，以致各家解讀紛紜，尤其對於民國以來局勢發展，各自都有一套說法與解釋，多言自有巧中應驗，難謂事前預知國事。

　　世傳眾多《推背圖》版本中，尤以金聖嘆批註《推背圖》最享盛名允推獨步，然考金聖嘆批註《推背圖》內容，不論其金批自序、成語用典、版本內容、出版年代，甚至其輾轉流傳說法，相關人、事、物皆有可疑。本研究將專章探討現存眾多《推背圖》版本，並以圖文呈現的方式，考辨其異同及源流發展，並針對金批《推背圖》內容，提出資料佐證辨析，以正視聽。

〔註7〕詳參本專書第五章第三節〈民國以來流傳考〉。劉剛：《孫中山與臨時大總統府》一書，〈笑言《推背圖》〉專篇中竟言孫中山早年客居倫敦時，經過康德黎介紹，在友人曼根氏家中看見過一本金聖嘆手批的《中國先哲之預言》，且依據陶德琨遺稿指出孫中山先生因《推背圖》而讓位大總統予袁世凱。

〔註8〕尹章義：《台灣近代史論》（臺北：自立晚報社，1986年），頁53。

　　《推背圖》雖在民間流傳深遠，古今中外學人提及此書者所在多有，但將之作爲學術研究者並不多見。晚近雖有錢穆、勞思光、陳學霖、唐德剛、彭家發、王碩、吳榮子、黃復山、王見川等學者撰文，但僅屬單篇論文或評論，討論有限，國外部份，德國、日本、荷蘭、澳洲等漢學研究學者亦止於零星發表有關《推背圖》文獻或專著，如德國慕尼黑大學漢學系鮑爾教授（Prof. Bauer, Wolfgang）、日本國學院大學中野達教授等；除此之外，哈佛大學東亞語言文化系派崔克教授（Prof. Patrick, Hanan）曾指導博士生 Mrs. Mei-lan Chin-Bing 研究《推背圖》，惜未完成學位論文。〔註 9〕

　　目前查知國外已有翻譯《推背圖》之作，包括 1950 年於紐約出版，由李查爾斯（Charles L. Lee）英譯《*The Great Prophecies of China*》；〔註 10〕1973 年德國慕尼黑大學鮑爾教授（Prof. Bauer, Wolfgang）《*Das Bild in der Weissage-Literatur Chinas*》，介紹其所見美國、日本、臺灣等地學術單位收藏七種《推背圖》抄繪本及其他刊印本；〔註 11〕2007 年由加拿大出版社出版，惟其譯註者偏重軍事角度詮釋，由其書名《*The Military Prophecies of China*》可知，介紹《推背圖》全書六十圖像之易卦、謎語和原始的古老圖畫，預言中俄戰爭、第三次世界大戰等；該譯書並以中國陰陽八卦圖爲封面圖樣，介紹《推背圖》作者爲李淳風與袁天綱。〔註 12〕

　　此外，尚有日本國學院中野達教授（Nakano Toru）2001 年出版《中國預言書傳本集成》，收錄有其父中野江漢所藏《推背圖》筆寫本二款，一爲表題《推背圖》，清朝肅親王府藏本；一爲表題《推背圖轉金鎖鑰》，以及四款印刷本《推背圖》，包括《推背圖說》、《中國二千年前之預言》、《推背圖索隱》、《中國預言八種》，並收錄《大雲經疏》以及中野達二篇關於《推背圖》研究論文〈《推背圖》初探〉、〈《推背圖》再探〉等。〔註 13〕

　　綜上觀之，《推背圖》研究雖不乏前人耕耘，但仍未累積豐厚學術論文及專著論述基礎，但也正因此，遂有本研究極大發揮空間，可從「史志」、「類

〔註 9〕　吳榮子：〈荷蘭萊頓大學漢學研究院圖書館所藏《推背圖》三種〉，《國家圖書館館刊》92 年第 1 期（2003 年 4 月），頁 197～225。

〔註 10〕　《*The Great Prophecies of China by Li Chunfeng and Yuan Tienkang*》（New York: Franklin Co, 1950）。

〔註 11〕　《*Das Bild in der Weissage-Literatur Chinas*》（München: Heinz Moos Verlag, 1973）。

〔註 12〕　《*The Military Prophecies of China*》（Canada: Vision Press Films, 2007）。

〔註 13〕　中野達編著：《中國預言書傳本集成》（東京：勉誠出版，2001 年）。

書」、「叢書」、「專著」、「報刊」等文史資料中，爬梳徵集大量前人未曾研究資料，對於《推背圖》版本、作者的考辨以及文化影響及歷史定位，提出有價值之見解。

　　本研究嘗試從學術研究及歷史高度，廣泛蒐集唐、宋、元、明、清乃至民國相關資料，除正史記載及朝廷禁令，也包括文人筆記及小說家言，以及當代學者研究，從而檢視《推背圖》對中華民族文化、政治、社會所產生的影響，以及透過研究其流傳脈絡，掌握其對朝野及中華文化甚至民族情感的影響。而這也正是本研究計畫的研究動機及價值所在，藉由《推背圖》研究，從另一個側面觀照中華民族此一獨特文化特質與發展脈絡，並提出世人較罕探討的有關《推背圖》文藝特點與影響。

第二節　研究方法

　　本研究所使用之研究方法，因各章之內容不同而有所分別。

　　首章用闡述法，說明本研究研究的寫作動機、界定研究範圍，以及前人對《推背圖》之研究成果，乃至預期本研究之成果。

　　第二章用探源法，探究《推背圖》源起、釋義乃至作者問題，一一分節予以探討。自唐代敦煌殘卷《大雲經疏》以降，關於《推背圖》之記載予以探源，並且從作者確考之生平事蹟以及本人著作中，探究、檢視相傳《推背圖》作者為李淳風及袁天綱，以及金聖嘆批註之說，其真實性如何。

　　第三章用版本法，以考辨現存不同版本《推背圖》及其差異，版本蒐集不只侷限兩岸三地，甚至擴及海外美、日、德、荷等國，以求周延完備；惟《推背圖》迭遭查禁傳抄過程中，不止魯魚亥豕，所記圖讖亦隱晦不明，各家解讀互異、未有定論，故本研究不特別針對各版本圖讖文字著墨研析，以免龐雜失焦、徒佔篇幅，惟世傳金聖嘆批註之版本，因流行最廣故而特予專節介紹及探討，以辨析其真偽。

　　第四章用考證法，以探究《推背圖》之蘊生背景，從相關正史及典籍資料中，重點鉤稽有關「天命之說」、「巫祝祥異」、「讖緯術數」記載，藉以綜論《推背圖》之所以滋生、流傳的源頭養分與時空背景。

　　第五章用考證法，綜考《推背圖》之歷代流傳脈絡及其轉折變貌，從歷朝各代屢禁不絕，文人官紳私下傳抄收藏，乃至為民間祕密宗教及政治革命團體所用，千百年來流傳遍及各地，海內、外學術機關、團體以及個人皆有

收藏，可見《推背圖》流傳之廣。

第六章用闡述法，以說明《推背圖》之文藝特點與影響，以及各家對《推背圖》真偽之論述。並且從劉勰《文心雕龍》之〈諧隱〉專章角度切入探討《推背圖》之文藝特點，發掘整理《推背圖》對後代藝文之影響。

最後七、八章，綜合各家對《推背圖》信疑之言論，並提出本研究心得與分析。

第三節　研究範圍

本《推背圖》研究，資料取材務求詳盡，不侷限地域，來源包括臺灣、中國大陸、香港、日本、美國、德國、荷蘭、澳洲等地，範圍可謂至廣，允為本研究一大特色。

由於《推背圖》歷來被視為禁書屢遭查禁，故而歷代相關典籍多僅著錄書名，而未完整留下圖讖內容之記載，即便有也僅只寥寥數語，面貌著實模糊不清；並且歷經後人改作，故實難依現有資料或證據支撐推論，今傳之《推背圖》版本，何者屬最早古本，以及探究作者誰屬？但是，仍有不少疑點可透過嚴謹學術研究獲得解答，諸如：對於現今流行最廣的金聖嘆批註《推背圖》究屬真本或係偽作，李淳風與袁天綱是否共撰《推背圖》？金聖嘆是否批註《推背圖》？迄今論者各執一詞未有定論，實有必要釐清。

故而，本研究範圍首先從第二章《推背圖》源起、釋義乃至作者問題作一探討，繼之第三章對所蒐集現存版本一一介紹及分析，以求對《推背圖》版本作一全面瞭解，不致偏狹，並對金聖嘆批註之版本作一深入剖析。

承上，在第四、五章從歷史脈絡中還原探討《推背圖》蘊生背景以及流傳脈絡，藉由歷史情境推移貼近研究《推背圖》之所以流傳不墜之由。接著探討《推背圖》文藝特點與影響，舉凡詩讖隱語特點，以及預示後事等特質，激發文藝創作想像及形式技巧，範圍影響遍及小說、戲曲、詩文等作品。此外，並且，綜理信疑《推背圖》真偽之各家代表及其觀點，並從中分析歸納信疑之別，蓋多攸關各家學術背景及個人經驗。

最後，針對本研究每一章節所探討問題，綜整個人研究心得就教方家。

至於《推背圖》圖讖預言國運興衰部分，由於歷來《推背圖》版本不一，不只現存各版本圖讖內容並無一致，即便是對於同一讖文隱語的分析，每家解讀亦各抒己見，未有定論，孰是孰非，更無一定科學根據，故而有關《推

背圖》圖讖內容，特別是圖、讖、頌等文本內容，本研究並未詳予探析解讀，亦非本研究設定範圍；易言之，本研究對於《推背圖》各象文本內容並未予專章探討，也無意著墨於此，併此說明。

第四節　前人研究成果

德國慕尼黑大學鮑爾教授（Prof. Bauer, Wolfgang）曾於 1973 年發表專著《*Das Bild in der Weissage-Literatur Chinas*》，介紹他見過的七種《推背圖》抄繪本及其他刊印本，〔註14〕其研究主要在藉客座講學或學術訪問之便，蒐集各國善本《推背圖》，包括臺灣、日本、美國等地研究機構典藏之《推背圖》，〔註15〕而非關注一般坊間之流通本。但也由於其研究年代甚早，70 年代中國大陸尚未改革開放，故而其書未見有中國大陸善本《推背圖》版本蒐錄在其中。茲整理臚列其所見抄繪本如下：

一、日本東京 Nakano Toru 教授藏本；原肅親王藏本。黃紙彩繪圖本。67 圖。【附圖一】

二、日本東京 Nakano Toru 教授藏本；白紙彩色繪圖本。67 圖。【附圖二】

三、美國柏克萊加州大學藏本；67 圖。【附圖三】

四、美國哈佛大學燕京圖書館藏本；64 圖。【附圖四】

五、臺灣中央研究院傅斯年圖書館藏本；彩色繪圖本。65 圖。【附圖五】

六、日本學者石山福治藏本；68 圖。【附圖六】

七、臺灣的國家圖書館收藏潘氏滂喜齋鈔繪本。60 圖。【附圖七】

《*Das Bild in der Weissage-Literatur Chinas*》全書共 74 頁【附圖八】，並以《推背圖轉金鎖鑰》第五十九象為封面，鮑爾教授此專書開頭先介紹中國

〔註14〕《*Das Bild in der Weissage-Literatur Chinas*》（München: Heinz Moos Verlag, 1973），頁 31。

〔註15〕鮑爾除在德國任教外，曾多次應美國密西根（Michigen）大學之邀，擔任客座教授，也曾到柏克來加州大學、西雅圖華盛頓大學以及臺灣、香港、日本和夏威夷等地做過研究工作。此外，鮑爾曾任美國加州大學（University of Califonia）（1968～1969），澳大利亞國立大學（Australian National Universlty, Canberra）（1984），日本筑波大學（University of Tsukuba, Institute of Philosophy, Tokyo）（1984）等大學客座教授。參考自戴啟秀：〈德國當代漢學家鮑吾剛及其主要著作〉，《德國研究》第 14 卷第 2 期（1999 年）。

《易經》及《河圖》、《洛書》，之後再針對《推背圖》歷史發展及其所見各國版本簡要介紹，並將其中日本東京中野達教授（Nakano Toru）藏本，亦即所稱原肅親王藏本《推背圖》全本 67 圖之讖文翻譯爲德文，原圖及德文並列詳細收錄書中，且述及唐朝李淳風及袁天綱生平背景。〔註16〕

鮑爾教授除專著《*Das Bild in der Weissage-Literatur Chinas*》之外，也曾在《遠東》期刊 1973 年第 20 卷第 1 期發表〈《推背圖》的歷史和一個中國的「諾查丹瑪斯」〉介紹過《推背圖》。〔註17〕

由於鮑爾教授甚早對《推背圖》有所興趣與研究，堪稱國外漢學家研究《推背圖》的先驅；另外，從鮑爾教授收錄的各國版本圖式來看，也可看出《推背圖》在流傳過程中，版本出現紛雜的現象，有 60 圖、64 圖、65 圖、67 圖、68 圖不等。

日本國學院大學中野達教授（Nakano Toru）曾針對《推背圖》，二度於《東方宗教》期刊發表研究心得，一爲 1970 年〈《推背圖》初探〉，〔註18〕一爲 1993 年〈《推背圖》再探——武周革命『大雲經疏』の引用をめぐって〉，〔註19〕二文收錄在 2001 年東京勉誠出版，中野達編著《中國預言書傳本集成》，其父中野江漢收藏有原肅親王藏本之《推背圖》，亦即德國鮑爾教授翻譯成德文之原稿本，也同時收錄在《中國預言書傳本集成》。

中野達教授鈎稽指出，依據敦煌出土史料，《大雲經疏》記載有《推背圖》，證實唐朝之際確已有此書，並刊出編號 S6502 全文書影；〔註20〕並且經其比較分別爲 67 圖象及 60 圖象的五種《推背圖》傳本，依歷史縱軸整理分析，可有三類對應關係。亦即：第一期，唐朝至北宋之預言詩大體而言保持穩定對應關係；第二期，南宋至清初三藩之亂預言詩對應關係產生混亂；第

〔註16〕 經本研究比對內容，李世瑜先生發現於德國一本刊物上的《推背圖》版本，所指即此書及所錄版本。後亦收錄於河北人民出版社 1994 年出版安居香山、中村璋八輯，《緯書輯成》中文版〈附錄篇〉。

〔註17〕 參考張思齊：〈德國道教學的歷史發展及其特色〉，《西南民族大學學報》總第 196 期（2007 年 12 月），頁 95〜96。

〔註18〕 中野達：〈「推背圖」初探〉，《東方宗教》第 36 號（1970 年 10 月），頁 20〜37。

〔註19〕 中野達：〈《推背圖》再探——武周革命『大雲經疏』の引用をめぐって〉，《東方宗教》第 82 號（1993 年 11 月），頁 17〜35。

〔註20〕 同前註，頁 21。

三期，清代以後對應關係異常混亂。

　　茲將該五種《推背圖》傳本要述如下：

一、寫本 A；表題《推背圖》，67 象，清朝肅親王府秘藏本。（中野江漢藏本）。【附圖九】

二、寫本 B；表題《推背圖轉金鎖鑰》，67 象。（中野江漢藏本）。【附圖十】

三、印刷本 C；表題《推背圖說》，60 象，民國初年上海出版，東京書局藏本印行，附錄〈右石碑〉、〈諸葛碑〉、〈燒餅歌〉、〈黃蘗禪詩〉、〈藏頭詩〉、〈鐵冠數〉。

四、印刷本 D；表題《推背圖索隱》，60 象，大正六年製，出版者東京梶山次郎，附錄〈藏頭詩〉、〈鐵冠數〉、〈黃蘗禪詩〉、〈燒餅歌〉、〈迴文碑〉。

五、印刷本 E；表題《推背圖》，60 象，民國刊行的菊版《中國二千年前之預言》版本，同書集錄有〈萬年歌〉、〈馬前歌〉、〈藏頭詩〉、〈梅花詩〉、〈燒餅歌〉、〈黃蘗禪詩〉。（此乃坊間流傳金聖嘆批註本）

以上各版本第一象及最末一象詩讖分為：

第一象

A 「自從盤古得希夷，龍爭虎鬥事可悲。萬代興亡盡難計，且就武后定玄微。」

B 「自從盤古得希夷，虎鬥龍爭事可悲。萬代興亡難盡計，且就武后定去微。」

C 「自從盤古至希夷，虎鬥龍爭事可悲。萬代興亡誰能說，試從唐後定興衰。」

D 「自從盤古到希夷，虎鬥龍爭事可悲。萬代興亡難盡絕，試看我後興衰時。」

E 「自從盤古迄希夷，虎鬥龍爭事正奇。悟得循環真諦在，試於唐後論元機。」

最末象

A 「茫茫天數此中求，成敗興亡不自由。推背圖裡誠從看，天家氣運一時同。」

B 「茫茫天數此中求，成敗興亡不自由。推背誠從圖裡看，天家氣運一時同。」

C 「茫茫天數此中求，世道興衰不自由。萬萬千千說不盡，不如推背去歸休。」

D 與 C 詩讖相同。

E 與 C 詩讖相同。

由上觀之，寫本 A 與寫本 B，從詩讖內容文字近似及皆屬寫本，圖讖同為 67 象，應屬同一系統版本；同理，據印刷本 C、印刷本 D、印刷本 E 皆屬 60 象，出版年代相近且皆有附錄其他中國預言等特徵觀之，三者應另屬同一系統版本。

至於中野達所云肅親王府秘藏本《推背圖》之真實性如何？恐須佐之更多文獻資料始能證實以昭公信，而非僅據其謂中野江漢與肅親王有交誼，是以得贈此本「清朝肅親王府の所藏本という（江漢は肅親王と親交があった）」。〔註21〕經本研究查考肅親王善耆（1866～1922），相關資料，未有確證顯示，故而對此說尚有保留。因據肅親王交往密切的日本友人川島浪速大正三年（1914）出版《肅親王》一書，提及善耆婉拒易道名家求見，並對卜筮者欲占卜個人命運、大清國運皆「淡然以對」的態度，此與所謂肅親王收藏《推背圖》之形象，著實相去甚遠。其記：

> 肅親王在旅順接予之報告後曰：「……吾素來以成敗利鈍聽憑於天，惟盡人事而已。」……一天，易道名家小玉吞象飄然來到旅順，小玉吞象求見肅王，並懇請為其占卜，王拒絕曰：「《易經》曰無疑，何需占卜？吾今安於不遇，樂於天命，並已不問命運之利鈍，又需占卜什麼呢？如果是吾在北京時，吾樂意迎接足下，首先希望占卜大清皇帝的寶運，再占卜吾之命運。然而吾處在今日之境遇，還這樣擔心吉凶，乞求卜筮，則是吾之恥辱，望予以諒解。」〔註22〕

川島傾畢生之力策劃「滿蒙獨立」，並煽惑肅親王圖謀在中國東北和蒙古東部建立一個受日本控制的傀儡國。以川島與肅親王糾葛之親近關係，〔註23〕依

〔註21〕中野達編著：《中國預言書傳本集成》（東京：勉誠出版，2001 年），頁 447。

〔註22〕章開沅等主編：《辛亥革命史料新編》（第二卷）（武漢：湖北人民出版社，2006 年），頁 381。

〔註23〕川島浪速養女川島芳子乃肅親王善耆親生第十四皇女，本名叫愛新覺羅·顯紓，又名金璧輝。

川島所記，肅親王拒絕小玉吞象求見占卜言行舉止，應確有其事，但卻與中野達所云肅親王收藏《推背圖》形象似顯不符。依常理，既有所謂日人中野江漢得自肅親王收藏《推背圖》，肅親王對於占卜讖緯之說，理應興致盎然才對，何以卜筮名家求見卻淡然以對？

其次，倘有肅親王收藏《推背圖》贈與中野江漢之事，按理善者應會在該書落筆或者有藏書鈐印之類才是，但遍覽全書卻無藏書主人的片語隻字。

再者，據中野江漢《北京繁昌記》自序所言，大正四年（1915）初至北京，〔註24〕惟考當時肅親王已從北京避居旅順，二人如何相識交好甚至能夠得贈《推背圖》？故而肅親王贈與之事，恐需確切事蹟佐證，否則何能憑信？援引此說者，其又所據為何？

根據以上理由，蓋可提供吾人思考：肅親王府秘藏《推背圖》其真實性究有多少？倘無其他真憑實據可供參佐，或可能僅為收藏者希望增益該版《推背圖》價值之說法。

中央研究院院士勞思光教授 1990 年前後於臺灣清華大學客座期間，曾撰短文，題為「開口張弓之讖」，考證《推背圖》「此帝生身在冀州，開口張弓在耳邊」一讖（據臺灣國家圖書館藏本）。也曾在 1991 年 8 月接受香港《九十年代》編輯專訪〈術數：古老傳統與新領域〉時，提出個人經驗與研究。〔註25〕

勞思光教授自承年輕時頗好術數，又特別研究過《推背圖》之類的預言。勞教授與香港著名術數家王亭之亦頗為交好，二人時有為文討論《推背圖》及其他術數，此在王亭之的文章中屢有提及。〔註26〕中央研究院副院長王汎森追憶勞思光「他精通『術數史』，也影響臺灣學者，至今仍有清大學者投入術數史研究」。〔註27〕

〔註24〕 中野江漢著、中野達編：《北京繁昌記》（東京：株式會社東方書店，1993 年），頁 5～6。

〔註25〕 編輯部：〈術數：古老傳統與新領域──訪勞思光教授〉，《九十年代》第 259 期（1991 年 8 月），頁 58～60。

〔註26〕 王亭之本名談錫永（1935～），香港知名佛學及術數名家，經常為文刊登在《明報》等專欄，90 年代移居加拿大後，在《多倫多星島日報》繼續發表專欄文章，著作頗豐。

〔註27〕 陳幸萱：〈勞思光病逝──他的中國哲學史，港臺學生聖經〉，《聯合報》，2012 年 10 月 22 日，A3 版。

　　關於《推背圖》版本，勞思光教授在〈絕倒芳時虛度──我以術數自娛〉一文中考證認爲：

> 從考證方面看，《推背圖》雖有古本和清人續本不同（下面再談），其演變仍可考見。古本在宋人記載中屢屢提及（如岳珂的《桯史》，陸游的《南唐書》等等）。
>
> 清本出於咸豐時，將前面較不重要的圖刪去，而增加新圖以推算未來。雖然這二大版本下又有若干小的版本異同，但基本情況仍很清楚。
>
> 這一點是我考證《推背圖》最重要的收穫。〔註28〕

勞思光更進一步指出，清朝續本出現於咸豐年間，預言內容已及滿清入關之後的事，但是，奇怪的是，清朝續本對於康熙到嘉慶年間的大事皆未作預言。

　　該文中，勞教授認爲今日所流傳的推背圖版本，都是以清朝續本爲祖本刪增的，改編者也無從可考。至於清朝初年的《推背圖》版本，則仍是舊本，亦即僅推到明朝滅亡，「八旗一桶」圖象後，即以「推背」一圖結束。

> 舊本原只是推到明亡爲止；因此在「八旗一桶（一統）的圖後，即以「推背」一圖結束」。後出的改編本，將舊圖中關於五代地方勢力各圖刪去，而在後面另加許多圖，推算清代以後；可是，這個改編本留下明顯的痕跡；即是：全文中對康熙至嘉慶一大段時間並無一圖。今天的坊間本都是取這個改編本爲祖本，試一翻閱，立可發現這個特點。至於清初所出的《推背圖》，則仍是舊圖，並無咸豐以下的圖。
>
> 究竟是何人改編，自不可考。〔註29〕

除了學術性理性分析考辨外，勞教授也以自己親身經驗，憶及童年時期長輩多人皆以「一朝聽得金雞叫，大海沉沉日已落」圖讖預言日本必敗，認爲《推背圖》預言竟應驗時事，頗覺趣味。

　　最後，勞教授更舉《推背圖》另一圖讖「手弄乾坤何日休，九十九年成大錯」一語，準確預言毛澤東死於 1976 年。但即便勞教授對術數頗有興趣及

〔註28〕勞思光：《解咒與立法》（臺北：三民書局，1991 年），頁 239～240。
〔註29〕同前註，頁 240。

研究，文中勞教授仍語重心長的公諸大眾，總結自己的研究心得僅止於將術數之事當作娛樂，而非一味崇信術數。

> 我在幼年時，中日戰爭方烈，長輩們據《推背圖》次序，都知道「一朝聽得金雞叫，大海沉沉日已落」那幅圖，是預言日本在酉年戰敗；數年後果然應驗，便覺得很有趣；不像關於唐、宋的預言各圖，弄不清楚是否事後偽作。
>
> ……「手弄乾坤何日休」一圖，以「反手」象毛字；而所謂「九十九年成大錯」……即「九加十加九」應指毛當權二十八年，以一九四九起計虛歲，即應到丙辰年（1976）為止。〔註30〕

以上勞思光教授對於《推背圖》的研究心得最大收穫是認為，發現《推背圖》版本有清朝以前古本與清朝續寫本「二大版本」，雖「二大版本」之下有若干小的版本異同，但勞思光教授認為基本上「二大版本」是很清楚的。

本研究認為，勞思光教授「二大版本」之說，雖可釐清眾多版本雜亂無章之擾，但畢竟現行各版本差異頗大，佐參本研究收錄各版本內容可證，恐難簡化分之為二；況且，勞教授考證《推背圖》「二大版本」之說，係成文於1990年代之初，當時中國大陸眾多古籍資料尚未公開，未如20年後今日資訊流通開放，考諸本研究所蒐集近年來的中國大陸古籍拍賣圖錄，加以海內外研究單位有關《推背圖》鈔本、彩繪本、刊本等不同版本相繼公開出現，勞思光教授考證《推背圖》最大心得的「二大版本」結論，恐言之過早，難以蓋全。〔註31〕

香港中文大學陳學霖教授1992年在《羅香林教授紀念論文集》中撰文〈劉伯溫「燒餅歌」新考〉，〔註32〕全篇論文雖以〈燒餅歌〉為主，但因有與《推背圖》及其他同類書合刊，故而論文中不少併敘《推背圖》之處，可供本研究參考。大抵而言，依據陳學霖的考證，關於《推背圖》有幾點推論：

一、《推背圖》非李淳風所撰，係後人假託。

陳學霖教授藉由大量資料反覆考證，認為劉基〈燒餅歌〉或李淳風

〔註30〕同前註，頁240～241。
〔註31〕勞思光本名勞榮瑋，號韋齋，於2012年10月21日病逝於臺北醫學大學附設醫院，享壽九十歲。詳參《聯合報》，2012年10月22日，頭版。
〔註32〕陳學霖：〈劉伯溫「燒餅歌」新考〉，載《羅香林教授紀念論文集》（臺北：新文豐出版公司，1992年），頁1363～1403。

《推背圖》，皆屬後人偽託之作無疑。

二、今本《推背圖說》係 1911 年刊行，而其付梓者無疑是在日本活動的中國革命黨人。

據澳洲國立大學圖書館許地山教授藏書《祕本詳解〈推背圖說〉》，雖未載出版地點，但從刊本研判，應係在東京印行。所用黃帝紀元是在日本從事反清運動的革命份子採用的年號，該書封面題有黃帝紀元四千六百零九年十月出版，即西元 1911 年。

三、在二、三十年代這一類中國預言書頗獲日人重視，因此出現兩本譯本。

一本是中野江漢編譯的《支那の預言》，列入《支那風物叢書》1924 年出版。

一本是石山福治編撰的《豫言集解說》，1935 年在東京出版。

四、《推背圖》與民間秘密社會組織，抗日或異議集團等宣傳活動有密切關係。

例如：石山福治編撰的《豫言集解說》，就曾透露〈萬年圖說〉和〈鐵冠圖〉都是東京某支那革命幹部餽贈；「一貫道」教徒在集會場所張貼預言國事讖文，以加強會徒的信心與支持。

陳學霖教授關於《推背圖》的幾點推論，言而有據，為後人奠下良好研究基礎及方向，特別是指出：留日反清革命黨人及中國境內秘密教會組織利用《推背圖》、〈燒餅歌〉製造輿論，別具識見。

並且提及外界較少知曉的許地山教授藏書《祕本詳解〈推背圖說〉》的線索，也可佐證許地山教授在《扶乩迷信的研究》著作中，批判《推背圖》並無神驗之處，確係是經過個人考辨分析，言出有據的。許地山認為：

《推背圖》、〈燒餅歌〉一類的預言書，其中文句無論選擇哪一個時期的史實來解釋，都可以解釋得通底。天災人患兵刀水火，朝代興亡，既不實指年代地域，而人間又未達到永安的生活，這種經驗隨時隨地都可以有，所以怎麼解釋都可以。〔註33〕

旅歐學者吳榮子館長於 2003 年 4 月《臺灣國家圖書館館刊》發表《荷蘭

〔註33〕許地山：《扶乩迷信的研究》（臺北：臺灣商務印書館，1966 年），頁 118～119。

萊頓大學漢學研究院圖書館所藏《推背圖》三種》論文，詳細介紹館藏三款
不同版本《推背圖》，〔註34〕據其研究以及來訪萊頓大學學者推論，應皆屬清
朝不同版本，雖該論文內容所列三款版本僅有少數圖象，但各象詩讖文字皆
有收錄，仍有助本研究之版本比較。此三種版本包括：

一、高延珍藏本《推背圖讖》；65 圖。寫意彩繪手抄本。【附圖十一】
二、高羅佩藏本《舊鈔推背圖》；66 圖。工筆彩繪手抄本。【附圖十二】
三、吳氏藏本《袁天罡推背圖》；61 圖。新加坡出版之印本。【附圖十
　　三】

其中，吳氏藏本乃少見的刻印本，《推背圖》在民國之前因列禁書，多屬
民間傳抄，中國境內甚少刻印本流傳，吳氏海外印本，實屬珍貴，可見當時
海外流傳《推背圖》亦盛，本研究認爲此應與商賈及晚清南洋革命黨人活動
有關。

至於吳榮子館長所提三種不同版本《推背圖》，據相關訪館漢學家英國牛
津大學龍彼得教授（prof. piet van der Loon, 1920～2002）於 1990 年代初訪問
萊頓大學及中國學者中國科學院韓琦博士 1993 年往訪，依其版式、用紙及避
諱等等綜合考證，認爲應分屬清代前、後期古本；此二種海外版本對於研究
《推背圖》者，有助比對其他版本，系統討論各傳本異同、源流以及特色。
【附圖十四～附圖二八】

惟經本研究詳細比對專文中所提二種不同版本《推背圖》之內容文本，
與本研究所蒐集臺灣國家圖書館、美國國會圖書館等其他古本《推背圖》內
容，發現文字脫誤不少，甚爲可惜，此在本研究第三章第一節〈現存版本〉
中有略述。由於其論文發表以文字爲主，所附書影僅數幅，無法進一步比對
萊頓大學館藏原件或書影，更因個人研究時地所限，未能親睹館藏資料，察
究係原書傳抄時即已錯誤，或是由於電腦整理擅打時出錯所致。

吳榮子在該專文中援引新舊《唐書》所記，介紹李淳風及袁天綱生平，
並引南宋岳珂《桯史》所記「李淳風作《推背圖》」，且未對此說表示質疑，
似傾向相信「相傳李淳風作《推背圖》」之說，至於吳氏藏本《袁天罡推背圖》
等作者問題，並未多作探討，全文著重在館藏三款不同版本《推背圖》內文
介紹。

〔註34〕吳榮子：〈荷蘭萊頓大學漢學研究院圖書館所藏《推背圖》三種〉，《國家圖書
　　　　館館刊》92 年第 1 期（2003 年 4 月），頁 197～225。

　　另外，吳館長該專文中指出，哈佛大學東亞語言文化系派崔克教授（Prof. Patrick, Hanan）曾指導博士生 Mrs. Mei-lan Chin-Bing 研究《推背圖》，該生並曾於 1988 年 3 月至萊頓大學查找該三版本《推背圖》資料，十數年之後，經吳館長輾轉向已退休派崔克教授查證，該生並未完成學位論文，殊感可惜。此訊息透露，國際漢學界對於《推背圖》不乏有心研究者，哈佛大學博士研究生也曾以《推背圖》爲題研究，並曾遠赴荷蘭查找資料，惜未能竟其功。

　　淡江大學黃復山教授於 2005 年大陸西安市「第五屆中國文獻學學術研討會──文獻資料的研究與利用」，發表論文〈推背圖版本流傳考〉。其研究著重在《推背圖》流傳考及版本比較，個人收藏海峽兩地《推背圖》之版本不下十餘種，對《推背圖》亦有豐富研究，主要有以下主張：

　　一、武則天時僧人懷義等僞撰《大雲經疏》，摘引符命書多種，其中即有《推背圖》，乃正式文獻引用最早者。惟此本《推背圖》文句實雜取符命、讖緯諸書而成，與後世所傳各種版本無關。

　　二、認爲《推背圖》起源，若據《舊唐書・李淳風列傳》實爲可疑。蓋其文出自唐文宗時鍾輅《感定錄》，鍾文所述並無專書名目《推背圖》，史家不察，致使後世循而誤說紛紜。

　　三、民國元年刊本《推背圖說》【附圖二九】有一開創特色，乃增列卦名、卦辭與按語，其乃摘取焦贛《易林》而成，賦《推背圖》以《易》理形貌，將其地位驟然提昇甚高，其後出《中國二千年前之預言》（即今坊間金聖嘆批註《推背圖》）【附圖三十】亦取法於是。

　　四、綜合十餘種《推背圖》版本【附圖三一～附圖三二】，依其圖讖異同、卦辭有無，歸納得出三大版本系統，並認爲好奇之士討論《推背圖》將各種圖文視爲講述歷朝史事之圖畫、隱語，以作消遣即可，若眞能藉由其說而作事前預測，殆屬自圓其說之自我愉悅，他人固不必風從也。

　　以上黃復山教授見解大致合理，然所云敦煌所藏《大雲經疏》，不只 S6502，實則有英國收藏 S2658 及 S6502 二部手抄經卷〔註35〕【附圖三三～附

〔註35〕分詳見黃永武編：《敦煌寶藏》（臺北：新文豐出版公司，1984 年），第 22 冊，頁 53 及第 47 冊，頁 503。

圖三四】，黃氏僅引 S6502，似有未詳，並且黃氏直言《大雲經疏》所記《推背圖》〔註36〕與後世所傳各種版本無關，恐尚難謂毫無關係，蓋考敦煌《大雲經疏》或後世流傳《推背圖》皆有與武則天相關讖語，二者發展背景亦皆源起唐朝，而後人編造《推背圖》過程中，亦難驟論未曾受到《大雲經疏》讖文「《推背圖》曰：「大蓄八年　聖明運翔止戈昌，女主立𡸳起唐唐。佞人去朝龍來防，劃清四海，整齊八方。」影響。「𡸳」乃武后創立新字，即「正」字也。

此外，黃復山教授大作既題〈推背圖版本流傳考〉，然據本研究考其列舉整理版本多屬清朝乃至民國以來民間版本，其依所蒐錄圖讖、卦辭而歸納出三大版本系統之說，就資料蒐集廣度而言，似較勞思光教授為多，惟尚難支撐推論至清朝以前版本樣貌。易言之，黃氏〈推背圖版本流傳考〉三大版本系統之說，立論雖獨到，但仍難謂定論。

南台科技大學王見川助理教授 2006 年《明清民間宗教經卷文獻續編》〔註37〕收錄有四款《推背圖》版本【附圖三五～附圖二八】，王氏在序言中從作者論的角度，梳理現今《推背圖》流傳三種不同作者的說法，隨後更於 2010 年《中國預言救劫書彙編》〔註38〕【附圖三九】蒐錄《推背圖》版本達二十餘種，惟各版本雖分抄本、石印本、鉛印本、印刷本【附圖四十】等，出版人、時、地亦不盡相同，但細考內容所差無多，印本多出自民國元年《推背圖說》與民國四年金聖嘆批註《推背圖》版本系統，代序言中，也有補充相關《推背圖》資料。其認為：

一、作者為李淳風版《推背圖》出現較早，大約於宋代即已出現。
二、作者為袁天綱版《推背圖》出現較早，大約於宋代即已出現。
三、標榜李淳風、袁天綱合著《推背圖》版本則出現最晚（至遲在清乾隆初期）。

王氏立論乃依據南宋岳珂《桯史》記載唐李淳風作《推背圖》，並對照莊季裕《雞肋編》所載，宋太祖禁讖並未成功，《推背圖》依然在民間盛行，禁

〔註36〕按，《大雲經疏》所記《推背圖》即《推背圖》，圖乃圖之古字。
〔註37〕王見川、車錫倫等主編：《明清民間宗教經卷文獻續編》（臺北：新文豐出版公司，2006 年），頁 5。
〔註38〕王見川、宋軍、范純武主編：《中國預言救劫書彙編》（臺北：新文豐出版公司，2010 年），頁 3～8。

之不絕，反而讓《推背圖》走向地下化；又據南宋劉克莊《後村集》詩作，推論劉克莊看過袁天綱作《推背圖》，並舉元代趙道一《歷世眞仙體道通鑑》及《新編五代史平話》記載，印證袁天綱作《推背圖》說法民間流傳已久；接著引清翟灝《通俗編》，推論乾隆初期已流傳李淳風、袁天綱二人合著《推背圖》之說。

王氏推論作者問題及年代，雖見新意，仍有引據不足之處，諸如：

一、李淳風、袁天綱合著《推背圖》的說法，至少在元、明時期已有流傳，而非清翟灝《通俗編》首度提及。據本研究所考，早於清翟灝《通俗編》之前，元《希叟和尚廣錄》、元朱思本《貞一齋詩文稿》、元《林泉老人評唱投子青和尚頌古空谷集》、明陳汝錡《甘露園短書》皆已記載李、袁二人同推天機，四文皆遠早於乾隆時期。故而，李淳風、袁天綱合著《推背圖》之說，當於元、明時期已有流傳，而非王氏推論遲至清初始有提及。

二、《推背圖》書名，應非其所推論原稱《稚背圖》。王氏引北宋陳師道《後山集》「推者稚也，避高宗諱，闕而爲推也」，推測《推背圖》原稱《稚背圖》較具說服力，原爲小孩都能背誦的謠諺、圖讖，書名因避唐高宗諱，「稚」改爲「推」；後人不明避諱之故照抄，就成了《推背圖》，之後，更望文生義，創出詩、圖並列的形式。但王氏此推論頗值商榷，仍需提出更多資料佐證其說。畢竟，眾所皆知，隋、唐以來，讖緯之書例禁甚嚴，私藏者動輒流放或處死，民間傳抄《推背圖》「既無公開，何須避諱」，故《稚背圖》避諱推論，不甚合理；況且，《推背圖》，有圖有文，即便目不識丁亦能望圖猜義，又何須透過小孩「稚背」圖讖相傳呢？此外，圖讖與謠諺有別，二者本質及理解門檻高低有別，圖讖靠書寫藉以傳遞訊息，謠諺則藉口語表達寓意，並且「圖象」何能透過「稚背」承傳？豈不令人費解？

武漢大學歷史系副教授謝貴安在《中國讖謠文化研究》一書中，〔註 39〕從歷史學角度探討讖謠文化，其中並針對《推背圖》詳予分析，認爲宋代前後便有人寫了《推背圖》一書，但未署作者，後人爲了使之具有更大影響，

〔註 39〕謝貴安：《中國讖謠文化研究》（海口：海南出版社，1998 年），頁 331～332。

便假託唐代術數名家袁天綱、李淳風之名，並且對它的內容不斷進行改造，把那些不驗的「象」進行更換，使之與已發生的歷史事件相合。到了民國時期，並偽造了所謂金聖嘆的序和部分注。本研究整理其說，舉出三點佐證：

一、今本《推背圖》問世年代可疑

今本《推背圖》出於民國三十五年（1946）朱肖琴所編《中國預言八種》，它的問世年代與有效預言年代（抗日戰爭）十分吻合，難道僅是巧合？

二、今本《推背圖》圖像破綻敗露

今本《推背圖》第七、十二、十七、二十一象圖中，吐番、契丹、女眞裝束幾乎一樣，全是滿清人所穿長袍馬褂及瓜皮帽，第十七、二十一象人物腦後長辮子，皆充分證明《推背圖》是滿清以後的人所畫所作。

三、今本《推背圖》流傳過程可疑

今本《推背圖》問世的神秘傳說及偽證，說明出於民國的訊息。

曼根士跋語及李中、清溪散人跋語，雖環環相扣，卻啓人疑竇，除曼根士英文語法錯誤外，獻書者李中及編輯清溪散人，姓名不確，查之尤難，似是偽造者以防漏餡。

謝貴安所分析理由，允屬合理，但在版本考究方面，仍有不周之處，諸如：金聖嘆批註《推背圖》，事實上早於民國四年即已由上海文明書局出版，此由民國五年何海鳴《求幸福齋隨筆》及民國六年徐珂《清稗類鈔》所云可證，而非其稱今本《推背圖》出於民國三十五年。

再者，其依圖像爲清人裝扮，即論斷今本《推背圖》是滿清以後的人所畫所作，此觀點雖言之有理但立論尚有不足，充其量只能證明經過清人以後的人傳抄，倘從學術研究角度考究，應從文字內容、版本樣式嚴謹考證，始更能言之有據，令人信服。有關金聖嘆批註《推背圖》眞偽，本研究將於第三章第三節〈金聖嘆批註版本眞偽辨析〉詳予考辨之。

此外，其認爲宋代前後便有人寫了《推背圖》一書，恐怕時序應再往前推移，畢竟敦煌出土唐《大雲經疏》中即記有《推背圖》一書。只是，今存有唐一朝相關文獻及文人作品，除《大雲經疏》外，尚未見有《推背圖》記載，故而，《推背圖》原始面貌仍模糊不清。

第五節　預期成果

本研究試圖從宏觀歷史、文化傳播及文化研究面向，藉由鉤稽大量未曾引用、第一手文獻資料，詳人所略、略人所詳，並提出個人創見，期為中華文化文獻研究做出貢獻。

本研究將透過嚴謹邏輯分析，探究《推背圖》在歷代中輾轉流傳脈絡，以及為何屢禁不絕，廣為流傳的原由所在，並列舉大量資料，提出影響後代文人創作深遠證據，尤其明清之後戲曲、小說，甚至民國以後文學創作，諸如：《水滸傳》方臘造反即受《推背圖》讖言天命影響，《紅樓夢》預示十二金釵運命手法亦借鑑了《推背圖》圖讖預言形式，前人研究鮮少從此角度探討，亦為本專書有別於前人研究之處及貢獻所在。

《推背圖》版本流傳眾多，至今善本分藏各國研究機構或私人收藏。本研究蒐材廣博，先敘唐初以迄清末情況，繼而臚列民國以後各家論述，版本包括中國大陸、香港、臺灣、日本、美國、加拿大、德國、荷蘭、澳洲等地，並在前人研究的基礎上，提出自己研究心得與看法，詳人所略、略人所詳，分章探討《推背圖》的源起、作者、流傳、版本及文藝價值與影響，冀能釐清應有面貌。

《推背圖》真偽之辨，歷來各家說法不一，未有定論，今存《推背圖》版本之多，更令人瞠目結舌、眼花撩亂，本研究嘗試將《推背圖》研究，置放到中國歷史的長流裡，藉由窮本溯源的爬梳整理，不僅考證求真辨偽以及作者問題，同時也探究《推背圖》文本的脈絡演變及其影響，從而論述其應有的歷史定位。

《推背圖》自《宋史》之後歷代正史皆有記載，民間筆記小說相傳此書更是多不勝數，可見《推背圖》對「古、今、中、外」文史的影響匪淺，尤其是在民間影響深遠，恐非「怪、力、亂、神」一言以蔽之。假若說，官方正史典籍猶如大道，可供後人迅速接軌歷史重要脈絡，那麼民間筆記小說則似小徑，反倒貼近民間真實風景。

本研究嘗試整理跨領域學門，綜合各家說法，從不同學術角度探析《推背圖》，包括「歷史學」、「文學」、「哲學」、「心理學」、「預測學」、「版本學」、「傳播學」乃至「文化研究」，揭開《推背圖》神秘面紗，還其本來面目；並對前人研究及說法訛誤之處，透過嚴謹考證，提出資料佐證批駁。諸

如：金聖嘆批註《推背圖》之眞僞辨析、〔註40〕北京師範大學出版社 1992 年出版評點古本《推背圖》錯誤內容、山東友誼出版社 2007 年刊行《中國書名釋義大辭典》穿鑿附會、何衛國〈金陵十二金釵冊子蠡測〉「金批本原刊本現藏於臺北，惜無緣一見。」〔註41〕仲林《方術》「現今最常見的本子是明末清初大才子金聖嘆評點本，原書現仍保存於臺北故宮博物院。」〔註 42〕等等，皆是誤謬之言，爲免積非成是，特予辨正。〔註43〕

　　最後，本研究將綜合《推背圖》對文化傳播的影響，特別是從前人尚未深入研究的文藝價值角度探討之。舉凡元曲、宋話本、明清小說、現代小說／雜文／新詩等等，皆深受其圖讖形式或預言內容影響，歷歷可數。諸如：《六十種曲》、《五代史平話》、《水滸傳》、《紅樓夢》、《西遊記》，近人魯迅《魯迅全集》、茅盾《故鄉雜記》、蔡東藩小說《五代史演義》、姚雪垠小說《李自成》、葉維廉詩作〈致我們的子孫們〉等等，不論是在創作中借鑒《推背圖》以圖讖預示事物演變之由的方式，或者直接引用《推背圖》書名而提及其影響，或者借題發揮抒發己見，皆可見《推背圖》從古至今對藝文的影響，持平而論，有其不可抹滅的價值，而這也是歷來研究《推背圖》者較爲忽略而未予深究之處。

　　本研究希冀透過整理大量前人曾經探討以及歷來從未發掘的資料，提出個人研究心得及見解，俾供學術界乃至後人持平且正確態度看待《推背圖》，並給予其應有的文史位置與評價，本研究成果期能爲中華文化傳承略盡一己之力。

　　不可諱言，由於《推背圖》在民國以前封建社會，長期被視爲禁書查禁，向來乏人專書立論，以致樣貌模糊不清，民國以後民主時代，更由於版本不一，眾說紛紜，亦缺乏系統學術研究，本研究因個人時間、能力有限，只能提出初步研究心得，無法一次解決《推背圖》所有疑問或待考之處，也期望能藉由本研究拋磚引玉，有助來者在《推背圖》研究這塊領域接續耕耘，開花結果，「一生二，二生三，三生萬……」。

〔註40〕詳參本專書第三章第三節〈金聖嘆批註版本眞僞辨析〉。
〔註41〕何衛國：〈金陵十二金釵冊子蠡測〉，《紅樓夢學刊》第 5 輯（2007 年），頁 104 ～106。
〔註42〕仲林：《方術》（重慶：重慶出版社，2006 年），頁 139～142。
〔註43〕詳參本專書第三章第一節〈現存版本〉。

第二章 《推背圖》探源

　　《推背圖》的眞僞及作者問題，歷來各家說法不一，缺乏嚴謹文史考據及學術研究基礎，積非成是，附會尤多。現今坊間相傳乃李淳風及袁天罡（綱）共作《推背圖》，金聖嘆並爲其作註，甚且今之文史學者相沿此說，發表專論或專書闡述其義，誤謬殊甚。

　　本專書將於本章分作三節論述，首先，溯源最早《推背圖》史料，並從歷代正史、筆記的資料中爬梳整理，以窺其流傳脈絡。

　　其次，從大量具代表性、嚴謹性的近代辭書中，比覈《推背圖》的定義與源起。大抵而言，各家辭書編者，多持保留態度，並未率爾援引南宋岳珂《桯史》所記，《推背圖》爲李淳風所作，多以「相傳李淳風作《推背圖》」一語帶過。顯見，研究者對《推背圖》版本及其作者仍無定論。

　　最後，關於《推背圖》作者問題，提出研究心得。透過考據詳析李淳風、袁天綱及金聖嘆三人事蹟以及個人作品，提出有力資料及看法，並針對前人之說「相傳李淳風、袁天綱共作《推背圖》，乃至民國四年初版金聖嘆作註《推背圖》，傳言原本藏諸宋明清皇宮大內，原爲宋祖以降，帝王相傳孤本，因八國聯軍入京，被英軍所掠輾轉流傳海外，復經海外愛國商人李信卿買回，囑子李中公諸於世，故而得以在民國四年五月面世。」提出不同觀點。由於金聖嘆作註《推背圖》面世之前，晚清之際坊間已有流傳版本不一《推背圖》，故而金聖嘆作註之《推背圖》版本，乃以深藏大內而又流落海外之由，以此博得世人信之，信者頗眾，此在下一章《推背圖》版本專論中，有詳盡例證及立論，當可辨析其眞僞。

　　《推背圖》眞僞，歷來信者疑者參半，紛擾已久，並且版本眾多，各說

紛紜。本專書從學術研究角度，一一點出其中信疑關鍵，尤其是信者視之為至尊祖本的金聖嘆作註《推背圖》版本，此版本自從民國四年面世以來，由於詩讖每每神準預言國運，非但已驗民國四年之前歷代史實，乃至民國四年之後的日本戰敗、國共爭擾等史事，皆可從詩讖中得到若合符節之解釋，故而信者頗眾，其中且不乏當代知名人士專書立論。〔註1〕

　　本章試圖從《推背圖》源起、釋義及作者問題，探究並揭開《推背圖》流傳千年的神秘面紗，還其原來樣貌。

第一節　源　起

　　《推背圖》最早見於正史著錄，是《宋史・藝文志》的「五行類」所記八百五十三部之一。〔註2〕

　　根據今存史料所載，元代順帝至正六年的脫脫等撰《宋史・藝文志》卷一百五十九卷中，已有《推背圖》一書的記載，不過，卻沒有署名何人所撰。易言之，《宋史・藝文志》僅見著錄，未見撰人，並無記載李淳風或袁天綱（罡）著錄《推背圖》一事。進一步言，《宋史・藝文志》僅著錄「推背圖一卷」，卻沒有注明撰者，而同書中著錄的李淳風著作卻不少，包括：《乾坤祕奧》七卷，《五行元統》一卷，《乙巳占》十卷，《十二宮入式歌》一卷，《立觀經》一卷，《一行禪師律秘密經》十卷，《周易玄悟》三卷，《諸家祕要》三卷，《行軍明時祕訣》一卷，《懸鏡經》十卷，《歷監天元主物簿》三卷等等，就是未見《推背圖》列為李淳風著錄。

　　另一方面，李淳風在史書中又被描寫成一個預言家，但本研究遍尋《舊唐書》、《新唐書》李淳風傳或《藝文志》所載，卻不見李淳風著述有《推背圖》一書；袁天綱情況亦然。僅《新唐書》記載有李淳風、袁天罡共撰《太

〔註1〕 林宜學編《中國預言之謎》（1972年）；張英基、董文林《大預言——燒餅歌與推背圖釋疑》（1985年）；李連斌注編《推背圖點注評析》（1992年）；鄭浪平《一九九五閏八月》（1994年）；弘力《推背圖天機與剖析中國命運諸預言》（1995年）；柏蓮子《中國讖謠文化——古代預言書》（1999年）；莫天賜《推背圖：真正能預言的天書》（2001年）及《推背圖》（2007年）；尋龍居士《天地運看推背圖》（2003年）；仲林《方術》（2006年）；梁崇基《推背圖中新解》（2008年）；霧滿欄江評譯《推背圖中的歷史》（2008年）；鮑黎明1999年舊作《(現代版) 推背圖之謎》再版更名《千古奇書推背圖》（2010年）等。

〔註2〕 〔元〕脫脫等撰修：《宋史》（北京：中華書局，1977年），頁5261。

白會運逆兆通代記圖》一卷。

官方史書所見,《推背圖》僅有書名未見作者。因此,不乏論者據此主張《推背圖》此書是後人僞託其二人盛名,但亦有論者主張,《推背圖》既在歷朝各代視爲禁書之列,故在服務統治者的官方正史中,未必會明確提及作者即爲李、袁二人,恐亦難據此推論係後人僞託其二人盛名所作,更有甚者推斷《新唐書》所記《太白會運逆兆通代記圖》即《推背圖》。

然而,《推背圖》的眞僞及作者,由於版本不一,歷來各方說法也不盡相同,雖則歷朝各代乃至民國以來名家提及此書所在多有,但由於內容預言朝代興衰之事,民主開放以前皆被列爲禁書查禁,更缺乏嚴謹考據及公開討論。現今坊間主流傳說乃李淳風及袁天綱共作《推背圖》,金聖嘆並爲其作註,甚且不乏文史學者相沿此說,發表專論或專書闡述其義。〔註3〕

本專書將於本章第二節〈作者問題〉,專文考據論述李淳風、袁天綱及金聖嘆三人事蹟以及個人作品,藉由有力史料及證據,提出個人研究心得,反駁前人之說。

查《推背圖》一書書名,最早見諸文獻者,蓋以《大雲經疏》(天授元年,690)所引爲最早,此從英人斯坦因(Stein)蒐集敦煌古籍,大英博物館(British Museum)所藏 Stein Roll. No.2658, No.6502,得以確認,其殘卷抄本寫作《推背圖》(按:圖,圖之古字也)【附圖三三~附圖三四】。〔註4〕

《舊唐書》本紀第六‧則天皇后,載曰:

> 秋七月,殺豫章王但,遷其父舒王元名於和州。有沙門十人僞撰《大雲經》,表上之,盛言神皇受命之事。制頒於天下,令諸州各置大雲寺,總度僧千人。……九月九日壬午,革唐命,改國號爲周。改元爲天授。〔註5〕

《新唐書》本紀第四‧則天皇后,載曰:

> 天授元年……七月辛巳,流舒王元名於和州。頒《大雲經》於天下。〔註6〕

《舊唐書》卷一百八十三‧薛懷義傳:

〔註3〕 詳參本專書第三章第一節〈現存版本〉。

〔註4〕 分詳見黃永武編:《敦煌寶藏》(臺北:新文豐出版公司,1984年),第22冊,頁53及第47冊,頁503。

〔註5〕 〔後晉〕劉昫等撰:《舊唐書》(北京:中華書局,1975年),頁121。

〔註6〕 〔宋〕歐陽修等撰:《新唐書》(北京:中華書局,1975年),頁90。

垂拱四年（688），⋯⋯懷義與法明等造《大雲經》，陳符命，言：「則
天是彌勒下生，作閻浮提主。唐氏合微。」故則天革命稱周。⋯⋯
其僞《大雲經》頒於天下，寺各藏一本，另升高座講說。〔註7〕

按《大雲經》爲則天載初元年（690）沙門七人表上之。同年武則天即據經文
改元「天授」元年，並頒每寺各藏一本，令升座講說。此經據則天時講授盛
言：「神皇受命及女王當立」，故依此當作武氏篡政有力的政治神話基礎。

據敦煌出土經卷《大雲經疏》，其摘引符命書多種，其中就有《推背圖》，
其載：

《推背圖》曰：「大蓄八月，聖明運翔止戈昌，女主立舌起唐唐，佞
人去朝龍來防，劃清四海，整齊八方。」〔註8〕

查 1993 年日本中野達教授〈《推背圖》再探——武周革命《大雲經疏》の引
用をめぐって〉專文中亦有提及《大雲經疏》援引《推背圖》。〔註9〕

又，2005 年黃復山〈推背圖版本流傳考〉認爲，雖則僅此一句，亦屬迄
今所見「推背圖」一詞出現之最早載錄，但黃復山認爲與後世所傳《推背圖》
無關。〔註10〕

2006 年王見川《明清民間宗教經卷文獻續編》、2010 年王見川《中國預
言救劫書彙編》相繼出版，其序文對《推背圖》流傳敘述頗多，亦有援引《大
雲經疏》提到《推背圖》。然細詳《大雲經疏》所指《推背圖》內容「大蓄八
月，聖明運翔止戈昌，女主立舌起唐唐，佞人去朝龍來防，劃清四海，整齊
八方。」雖與後人所傳各種版本《推背圖》似無太大關聯，但「武后代唐」
乃二者共同焦點，且《唐史》皆有記載李淳風與袁天綱分別預言武后代唐貴
極，似乎也提供《推背圖》發展雛型，難謂全然無關。蓋不論敦煌《大雲經
疏》或後世流傳《推背圖》皆有與武則天相關讖語，二者發展背景亦皆源起
唐朝，而後人編造《推背圖》過程中，亦難驟論未曾受到《大雲經疏》讖文
影響。

依據現有文獻比覈及本專書研究，《推背圖》作者大致有二種肇始傳說：

〔註 7〕 同註5，頁 4742。
〔註 8〕 同註4。
〔註 9〕 中野達：〈《推背圖》再探——武周革命《大雲經疏》の引用をめぐって〉，《東
方宗教》第 82 號（1993 年），頁 17～35。
〔註10〕 黃復山：〈推背圖版本流傳考〉，《第五屆中國文獻學學術研討會》（陝西：西
安大學，2005 年），頁 1～22。

一為相傳唐李淳風作《推背圖》，例如：南宋岳珂《桯史》；一為相傳唐袁天綱作《推背圖》，例如：宋元巾箱本《五代史平話》。

此二說法作者迥異，一說李淳風、一說袁天綱，宋元之際，似分別流傳；元、明之後，又見有李淳風、袁天綱共作《推背圖》之說。

有關《推背圖》作者為李淳風的說法，其流傳脈絡如下：

北宋南宋之際莊季裕（生年不詳，當在南、北宋之間）《雞肋編》，以及南宋岳珂（1183～1234）的《桯史》，其所提《推背圖》一書，蓋為後世相傳之《推背圖》。惟《雞肋編》僅提書名卻未言及作者，而《桯史》則是直接明言唐李淳風作《推背圖》，並且傳神地描述《推背圖》流傳已數百年，宋太祖趙匡胤見禁之不絕，乃將真本《推背圖》混雜，凡為百本，與存者並行再散入民間，讓民間見其不復驗，遂棄去。

北宋莊綽《雞肋編》有云：

> 范忠宣公自隨守責永州安置誥詞，有「謗訕先烈」之語，公讀之泣下，曰：「神考於某有保全家族之大恩，恨無以報，何敢更加誣訕？」蓋李逢乃公外弟，嘗假貸不滿，憾公。後逢與宗室世居狂謀，事露繫獄，吏問其發意之端，乃云於公家見《推背圖》，故有謀。時王介甫方怒公排議新法，遽請追逮。神考不許，曰：「此書人皆有之，不足坐也。」全族之恩，乃謂此耳。〔註11〕

據《雞肋編》卷記載，宋神宗起用王安石變法時，王安石為打擊反對他的范純仁（范仲淹次子），甚至要連坐他全族的理由，竟是范家私有《推背圖》！但神宗卻說：「此書人皆有之，不足坐也。」倘莊氏所記屬實，從神宗所言，就能瞭解北宋年間《推背圖》已廣為流傳。

查考范忠宣公謫永州史實，亦見於《宋史》卷三百十四・列傳七十三，其載「純仁曰：『事至於此，無一人敢言，若上心遂回，所繫大矣。不然，死亦何憾。』……疏奏，忤惇意，詆為同罪，落職知隨州。明年，又貶武安軍節度副使、永州安置。」與莊季裕所言相合。〔註12〕

近人蕭魯陽於中華書局點校版《雞肋編》之校點說明中亦指出，該書是宋人筆記中比較重要的一種，內容詳實，其資料價值一向為人們所公認。《四庫全書總目提要》記云：

〔註11〕〔宋〕莊綽撰・蕭魯陽點校：《雞肋篇》（北京：中華書局，1983年），頁67。
〔註12〕〔元〕脫脫等撰：《宋史》（北京：中華書局，1975年），頁2291。

> 季裕名綽，以字行，清源人。其始末未詳……據書中年月，始於紹
> 聖，終於紹興，蓋在南北宋之間……統觀其書，說其可與周密之《齊
> 東野語》相垺，非《輟耕錄》諸書可及。〔註13〕

書中所記先世舊聞、當代事實，多可供史家研究，其中也有可補正史之不足
者；所記各地習俗、異聞瑣事，亦可資參考。

蕭氏在同書附錄中稱莊綽治學嚴謹，曾爲考證韓愈詩句「丘墳滿目衣冠
畫」，朱熹校云「墳或作園」，爲一字之差，而親赴宜城祠查證退之〈昭王廟
詩〉，見刻爲「丘墳」，乃正後人訛誤，還韓詩原貌。從莊季裕乃宋代爲官，
且佐之上述各家對《雞肋編》及莊氏治學之評價，故莊氏所記宋神宗《推背
圖》相關人事，應可憑信。

南宋岳珂《桯史》〈藝祖禁讖書〉記載：

> 唐李淳風作《推背圖》。五季之亂，王侯崛起，人有幸心，故其學益
> 熾，「開口張弓」之讖，吳越至以徧名其子，而不知兆昭武基命之烈
> 也。宋興受命之符，尤爲著明。藝祖即位，始詔禁讖書，其惑民志
> 以繁刑辟。然圖傳已數百年，民間多有藏本，不復可收拾，有司患
> 之。一日，趙韓王以開封具獄奏，因言犯者至眾，不可勝誅。上曰：
> 「不必多禁，正當混之耳。」乃命取舊本，自已驗之外，皆紊其次
> 而雜書之，凡爲百本，使與存者並行。於是傳者懵其先後，莫知其
> 孰訛，間有存者，不復驗，亦棄弗藏矣。

> 《國朝會要》：太平興國元年十一月，諸州解到習天文人，以能者補
> 靈臺，謬者悉黥流海島，蓋亦障其流，不得不然也。〔註14〕

查岳珂乃岳飛之孫，岳霖之子，曾知嘉興府，爲戶部侍郎、淮東總領兼制置
使等。《桯史》以辨明「公是公非」爲目的，通過對南宋朝野各階層人物的言
行的記載，表現了他對主戰派和投降派人物的鮮明愛憎。書中所載之事，大
都翔實可信。如《乾道受書禮》、《（范石湖）一言悟主》、《開禧北征》等條，
可補史傳之闕。

由上《雞肋編》、《桯史》二書可知，宋太祖開國之際，《推背圖》已傳數
百年，民間多有藏本，不復可收拾；乃至宋神宗年間，《推背圖》人皆有之，

〔註13〕〔宋〕莊綽撰・蕭魯陽點校：《雞肋編》（北京：中華書局，1983年），頁1～
2。
〔註14〕〔宋〕岳珂撰・吳企明點校：《桯史》（北京：中華書局，1981年），頁2～3。

都在在說明《推背圖》盛行於民間。並且歷代相傳李淳風作《推背圖》，明郎瑛、謝肇淛、顧炎武等皆曾著書提及，「李淳風作《推背圖》」，此說一直爲民間流傳之主流說法。

至於《推背圖》作者爲袁天綱的說法，雖不若李淳風之說盛行，但也起源甚早，至遲在南宋時期就已流傳，史籍可考者有南宋劉克莊《後村集》所載線索，以及元代趙道一《歷世眞仙體道通鑑》及《新編五代史平話》記載，明確提出袁天綱作《推背圖》，皆可印證這《推背圖》作者袁天綱的說法，一直在民間流傳。

今存明代徐燉《徐氏紅雨樓書目》卷三・子部卜筮類，記有：「袁天綱《推背圖》一卷」、荷蘭萊頓大學所藏新加坡印本《袁天罡推背圖》、民國鉛印本《推背圖》署名袁天罡撰〔註15〕等等，可供佐證此說。

另外，也有李淳風與袁天綱共推天機的說法，元《希叟和尚廣錄》記載「李淳風與袁天綱，推盡生死籌不出」，元《林泉老人評唱投子青和尚頌古空谷集》記載「便是袁天綱、李淳風也筹他不著」，即爲二例。明代郭勛輯《雍熙樂府》所錄元曲〈金錢問卜〉也提到李淳風與袁天綱二人，可見當時通俗文學，也將李淳風與袁天綱二人相提並論，提供本研究珍貴線索，似乎也旁證了元、明之後，民間有李淳風、袁天綱共作《推背圖》之說。

《雍熙樂府》卷二其載：

　　金錢問卜【呆骨朵】

　　斯琅琅把金錢擲下觀爻象，卻怎生單單單拆拆拆陰陽，恰數了坤偶乾奇，擺列著天三地兩，用神有天喜臨。主令得財官旺，便道是：「李淳風不順情，那一簡袁天綱肯調謊。」〔註16〕

綜上言之，從史料事實以及今存版本比對顯示，可知《推背圖》作者的流傳脈絡，大致有不同作者肇始傳說：一說爲唐李淳風作《推背圖》，一說爲唐袁天綱（罡）作《推背圖》；宋朝之際，此二說似分別流傳；元、明之後，漸合而爲一，尤其清季盛傳李淳風、袁天綱（罡）共作《推背圖》之說，民國以後亦沿此說爲主流。

〔註15〕 遼寧、吉林、黑龍江圖書館主編：《東北地區古籍線裝書聯合書目》（瀋陽：遼海出版社，2003 年），頁 1959。

〔註16〕 《續修四庫全書》（上海：上海古籍出版社，2002 年），第 1740 冊，郭勛輯《雍熙樂府》，頁 365～366。

第二節　釋　義

　　《推背圖》一書之釋義，可從民國初年至二次世界大戰期間乃至晚近，中、外學者及出版社所編修的辭典，檢索其相關記載。由於《推背圖》歷來被視爲違逆妖書，查禁甚嚴，屢見於正史記載，故而官紳雅士鮮少公開著書談論，即便有所談及，也多以朝廷查禁或妄誕之書角度約略提及，迨至民國以來民主開放始見公開談論，故而《推背圖》一書流傳過程相當曲折，實難藉由一般學術研究途徑，透過歷代叢書或具學術評價之著錄，探尋釋義。緣此，本專書研究臚列並陳各家辭書記載，雖則辭書學術價值無高，然而或可藉此一窺各家對《推背圖》的觀點與看法，並予以歸納整理分析編者其見。

據商務印書館民國四年初版《辭源》所載：

　　《推背圖》，相傳唐時李淳風與袁天綱共爲圖讖，預言歷代變革之事，至六十圖，袁推李背止之，故名。此圖傳本不一，其若明若昧，殊難憑信。〔註17〕

據中華書局《辭海》所載：

　　《推背圖》，書名。相傳唐貞觀中李淳風與袁天綱共爲圖讖，每圖附七言詩一首，預言歷代興亡變亂之事，至六十圖，袁推李背止之，故名《推背圖》。此書傳本不一，其詩句大都在可解不可解之間。李、袁二氏雖實有其人，而此書是否爲其所作，則殊難置信。〔註18〕

據三民書局《大辭典》所載：

　　《推背圖》，書名。相傳唐代李淳風與袁天綱共同編著圖讖，預言歷代變革興衰之事，共六十圖，每圖附七言詩一首，編至第六十圖，袁推李背止之，故名。宋太祖即位，下令禁止，然民間流傳又多附益，次序也已雜亂。且詩句大都在可解不可解之間，殊難憑信。見《程史・藝祖禁讖書》。〔註19〕

據《文史辭源》所載：

　　《宋史藝文志・五行類》有《推背圖》一卷，不著撰人。相傳唐李淳風與袁天綱共作圖讖，預言歷代變革之事，至六十圖，袁推李背

〔註17〕　《辭源》（臺北：臺灣商務印書館，1970年），頁638。
〔註18〕　《辭海》（臺北：中華書局，1982年），中冊，頁1964。
〔註19〕　《大辭典》（臺北：三民書局，1985年），上冊，頁1843。

止之，故名。宋太祖即位，詔禁讖書，以此圖已傳數百年，民間多
有藏本，不復可禁絕，乃命取舊本，紊其次序而雜書之。在流傳中
又多所附益，其詞若明若暗，多兩可之詞，便於附會。參閱宋岳珂
《桯史·藝祖禁讖書》。〔註20〕

據民國七十年教育部出版重編《國語辭典》所載：

相傳唐時李淳風與袁天綱共為圖讖，每圖附七言詩一首，預言歷代
興亡變革之事，至六十圖，袁推李背停止，故稱為《推背圖》，恐是
後人附會的說法。〔註21〕

按《國語辭典》係教育部重編國語辭典編輯委員會於民國七十年出版，由葉
公超擔任指導委員會主任委員，何容與王熙元分別擔任總編輯與副總編輯，
編輯嚴謹，且由官方具名出版，有其公信力。本辭典在七十年代重編出版，
仍收錄《推背圖》辭條，內容大抵與同為商務印書館所出之民國四年初版《辭
源》說法相近，惟認為「袁推李背停止，故稱《推背圖》，恐是後人附會的說
法」。

據夏徵農、陳至立主編，上海辭書出版社《辭海》第六版彩圖本所載：

《推背圖》，書名。傳為唐貞觀中李淳風與袁天罡所撰。一卷。凡六
十圖像，以卦分系之。每像之下有讖語，并附有「頌曰」詩四句，「預
言」後代興亡變亂之事。第六十圖像（最後一像）頌曰：「萬萬千千
說不盡，不如推背去歸休。」故名。此書傳本不一，詩句多模擬兩
可。〔註22〕

該辭典第六版甫於2009年出版，對《推背圖》的描述，相較前列各家版本說
法，少了「殊難憑信」、「後人附會」等措辭，並以「此書傳本不一，詩句多
模擬兩可」作結，似乎較傾向相信其說，且從所引版本內容包括以卦分系之、
有讖語、附頌詩等圖讖詩句觀之，係採清朝續本，此版本乃屬坊間盛行本，
亦即金聖嘆批註版本，惟據本研究考辨，實屬近人刪增古本編造。〔註23〕特
別是，《推背圖》盛名也遠及日本，另查昭和2年（1927）初版《大漢和辭典》
中，亦有《推背圖》的記載。

〔註20〕《文史辭源》（臺北：天成出版社，1984年），第2冊，頁1282～1283。
〔註21〕《國語辭典》（臺北：臺灣商務印書館，1981年），頁1208。
〔註22〕《辭海》第六版彩圖本（上海：上海辭書出版社，2009年），頁2300。
〔註23〕本專書第二章第三節〈作者問題〉及第三章第三節〈金聖嘆版本真偽辨析〉
　　　　皆有詳細論述。

　　本專書所引版本係日本昭和 34 年（1959）12 月 15 日再版版本，由於日人諸橋轍次所編《大漢和辭典》早於昭和 2 年（1927）即將《推背圖》收錄其中，更可證明《推背圖》於民國初期在中國及日本社會確有引起廣泛討論及影響，編者才會納入辭條說明。值得注意的是，考其辭條內容與較晚出版的《中文大辭典》所載大致相同，依二者出版年代先後，當爲《中文大辭典》參考援引《大漢和辭典》，此亦爲一般辭書通病之處。茲將其《大漢和辭典》日文原稿及《中文大辭典》中文辭條，分別並列如下，以供比對：

　　《大漢和辭典》日文原稿

　　《推背圖》，書名。一卷。唐の貞觀中，李淳風と袁天綱とが共に圖讖を爲り，圖每に七言詩一首を附して，歷代の興亡變亂のことを預言したものといはれている。六十圖に至つて止む。これを《推背圖》といふのは，袁が推すものを，李が背いてこれを止めたから名づけたといふ。此の圖の傳本は一ならず，其の詞も不明て信憑し難い。《宋史・藝文志》《推背圖》一卷。《讀書質義・坤・推背圖之僞》今世所謂《推背圖》，託之李淳風，其實虛無妖僞之言，不足信也。〔註 24〕

　　《中文大辭典》中文辭條

　　《推背圖》，書名。相傳唐貞觀中李淳風與袁天綱共爲圖讖，每圖附七言詩一首，預言歷代興亡變亂之事，至六十圖，袁推李背止之，故名《推背圖》。此書傳本不一，其詩句大都在可解不可解之間。李、袁二氏雖實有其人，而此書是否爲其所作，則殊難置信。《宋史・藝文志》《推背圖》一卷。《讀書質義・坤・推背圖之僞》今世所謂《推背圖》，託之李淳風，其實虛無妖僞之言，不足信也。〔註 25〕

另查，日本昭和 6 年（1931）11 月 20 日印刷，12 月 5 日初版二刷的《大百科事典》（平凡社版）的記載：

　　スイハイズ《推背圖》，支那には古くから豫言を書いた著述が數多現はれてゐるが，《推背圖》もその一である。唐の李淳風と袁天綱の共著であると傳へられ，豫言の文句と圖畫とを併せ記したもの

〔註 24〕諸橋轍次：《大漢和辭典》再版本（東京：大修館書店，1959 年），卷五，頁299。

〔註 25〕《中文大辭典》（臺北：中國文化大學出版部，1982 年），第 4 冊，頁 653。

で，内容は種種相異なつて傳へられてゐる。その一種の本に六十
圖を揭げて，その最後の圖に「兩人推背而行」と題して「萬萬千
千說き盡さず。背を推し去つて歸休するに如かじ」と記されてゐ
るが，それが書名の起りかと想はれる。〔註26〕

由上觀之，日本接連在昭和 2 年（1927）初版《大漢和辭典》及昭和 6 年（1931）
初版《大百科事典》中，皆提到中國《推背圖》此書，可見《推背圖》在日
本應有一定流傳。另據陳學霖教授研究，在二、三十年代這一類中國預言書
頗獲日人重視，因此出現兩本譯本，一本是中野江漢編譯的《支那の預言》，
列入《支那風物叢書》一九二四年出版，一本是石山福治編撰的《豫言集解
說》，一九三五年在東京出版；再佐以德國鮑爾教授（Prof. Bauer, Wolfgang）
專著《Das Bild in der Weissage-Literatur Chinas》所示日本軍官為封面之東京
秘本《推背圖》，當可確認《推背圖》在日本有其一定影響。〔註27〕

　　另查，幽默大師林語堂編《當代漢英辭典》，由香港中文大學出版，亦有
收錄介紹《推背圖》，雖簡短數字，未多作介紹，但仍可見編者所處年代《推
背圖》影響力，故而收錄其中：
　　　《推背圖》——the name of a pop. book of prophecy.〔註28〕
再者，梁實秋主編《最新實用漢英辭典》，臺灣遠東圖書公司出版，亦有收錄
介紹《推背圖》，文字簡略，其述「《推背圖》——相傳為唐朝李淳風及袁天
綱所作預言書」：
　　　《推背圖》——A book of prophecy，allegedly written by 李淳風 and
　　　袁天綱 of the Tang Dynasty.〔註29〕
之後，該書局所改版的梁實秋《遠東漢英大辭典》，則將李淳風及袁天綱名字
英譯並列：
　　　《推背圖》——A book of prophecy，allegedly written by Li Chun-Feng
　　　（李淳風）and Yuan Tien-Kang（袁天綱）of the Tang Dynasty.〔註30〕

〔註26〕下中彌三郎：《大百科事典》（東京：株式會社平凡社，1931 年），第 14 冊，
　　　　頁 93。
〔註27〕參閱本專書附圖二七，引自《Das Bild in der Weissage-Literatur Chinas》
　　　　（München: Heinz Moos Verlag, 1973），頁 23。
〔註28〕林語堂編：《當代漢英辭典》（香港：中文大學出版社，1972 年），頁 57。
〔註29〕梁實秋主編：《最新實用漢英辭典》（臺北：遠東圖書公司，1972 年），頁
　　　　407。
〔註30〕梁實秋：《遠東漢英大辭典》（臺北：遠東圖書公司，1992 年），頁 608。

另外，在 2000 年出版歷經五十載始告完成的《利氏漢法辭典》，共七大冊，加上《索引補編》，約九千頁，一萬三千五百個漢字及三十萬個詞組，是當代法國瞭解中國語言及文化的重要工具。在這部大字典的編集中，也收錄了《推背圖》，並且介紹頗詳，除了介紹唐李淳風及袁天綱，也提到宋太祖禁此書一事。〔註31〕

以上各家辭典說法，皆提到《推背圖》傳本不一，並對於《推背圖》是否為唐代李淳風與袁天綱共同編著，皆存而疑之，多以「相傳」、「殊難置信」、「殊難憑信」等語帶過；至六十圖，袁推李背止，故名《推背圖》。可知，各家辭書所據乃六十圖傳本。

另外，從諸橋轍次所編《大漢和辭典》、日本平凡社出版《大百科事典》、日本大東文化大學編《現代漢日辭海》及林語堂所編《當代漢英辭典》、梁實秋主編《遠東漢英大辭典》、法國《利氏漢法辭典》皆有專列《推背圖》觀之，以編者的學術素養及文化背景，將《推背圖》收錄介紹，更可見其書盛行及影響力，擴及東洋及西洋各國，並非如同其他一般封建迷信之書，不足觀矣。

晚近，北京大學 1999 年出版《現代漢日辭海》，原名為《中國語大辭典》1994 年由日本角川書店出版，自 1998 年授權中國北京大學出版社影印出版。其書對《推背圖》也有所記載：

> 《推背圖》tui bei tu〔名〕。唐代、李淳風と袁天綱が著した圖讖；
> 歷代の興亡・變革のことを，豫言して、六十圖に至って袁が李の
> 背中を押して止めた故にこの名がめるといわれる。〔註32〕

除此之外，梁實秋晚年時期總審定《名揚百科大辭典》，亦有收錄《推背圖》辭條，但是，特別的是，該辭典所收錄的《推背圖》讖文，並非現今通行坊本金聖嘆批註《推背圖》，而是較之稍早面世的《推背圖》版本。由此可見，《推背圖》歷來流傳版本不一，而此辭典避未收錄世人熟悉之金聖嘆批註《推背圖》讖文，反而援引世人少見之不同版本，箇中緣故，耐人尋味，推斷應係編者認為金聖嘆批註《推背圖》未具代表性或有所存疑之故。茲錄該辭條及讖文如下：

〔註31〕 利氏學社（Les Instituts Ricci）：《利氏漢法辭典》（巴黎：利氏學社，2001年），頁 312。

〔註32〕 日本大東文化大學編：《現代漢日辭海》（北京：北京大學，1999 年），頁 3126。

《推背圖》，書名。相傳唐太宗貞觀中李淳風和袁天綱撰。凡六十圖象，以卦分系之。每象之下有讖語，並附有「頌曰」詩四句，預言後代興亡變亂之事。第六十圖象（最後一象）頌曰：「萬萬千千說不盡，不如推背去歸休。」故名。

此書傳本不一，其詩句多模擬兩可，如第三十五象爲鼎卦，讖曰：「積德之君，仁政且溫，伊呂股肱，國富民安」，頌曰：「聖人垂衣坐天堂，治化自然無低昂；堯舜無爲誰可比，貢獻珍珠表四方。」〔註33〕

查梁實秋爲《名揚百科大辭典》該書作序云：

> 這部辭典每一名詞均由專人撰寫，不是剪貼，不是抄襲，所以在編輯過程中具有近於創作之意味。

由此可見，該書編輯過程愼重其事，各項辭條皆由專人撰寫，《推背圖》之撰寫亦復如此，並非一昧剪貼抄襲。

據此辭條所述，該版本凡六十圖象，以卦分系之，但依其所記第三十五象之讖頌詩句觀之，並非坊間流傳金聖嘆批註版本，而係另一較早出現之《推背圖》版本《推背圖說》，且當屬清末民初之間出現之版本。蓋據本研究論文蒐集之善本《推背圖》版本所知，晚清之前古本《推背圖》，雖版本不一，但皆僅有圖與讖，未以卦分系之；民國前後出現之《推背圖》版本始見易卦分系，《推背圖說》即爲此類版本。故而《名揚百科大辭典》所錄，應是《推背圖說》此版本。

此外，值得注意的是，該編輯群寧捨金聖嘆批註《推背圖》版本所錄讖文，而舉較早古本《推背圖說》讖文爲例，似可解讀係對金聖嘆批註《推背圖》較存疑慮，甚或對其代表性及眞實性根本存疑，認爲不值一提。

另查，閻振興、高明總監修的讀者文摘版《中文百科大辭典》，其載：

> 《推背圖》，傳係唐李淳風、袁天綱所著。爲我國最著名的預言書籍，預言歷代興衰變亂之事，有時隱諱，有時明顯，大體而言，尚可得其脈絡。〔註34〕

閻振興先生歷任清華大學、臺灣大學校長及教育部長，高明亦爲知名國學教

〔註33〕梁實秋總審定：《名揚百科大辭典》（臺北：名揚出版社，1985年），頁2167。
〔註34〕閻振興、高明總監修：《中文百科大辭典》（臺北：旺文社，1993年），頁536。

授，以二人之學術成就與地位，所監修之百科大辭典，網羅各大院校學者專家撰寫，應有嚴謹編審過程及可信度；再者，《讀者文摘》亦爲兩岸三地素有佳評之出版刊物，有其一定品質。而該百科全書將《推背圖》辭條收錄其中，也可見《推背圖》確爲我國最著名的預言書，對中國歷代甚至當代影響深遠，不宜以一般左道迷信輕視之。

至於，王雲五所編著《王雲五大辭典》1920 年初版，所創四角號碼檢字法排列辭條，也將《推背圖》編納其書中。特別的是，以王氏學識經歷之豐，其對《推背圖》的介紹，直指李淳風、袁天綱合撰《推背圖》，頗不尋常，其記如下：

> 《推背圖》。預言歷代變革事故的書，唐朝李淳風、袁天綱合撰。
> 〔註35〕

王雲五先生主持商務印書館長達數十年，該書以相當罕見的直敘觀點，指出《推背圖》乃唐朝李淳風、袁天綱合撰，而非同爲商務印書館初版的《辭源》或其他一般辭書所載，以「相傳」唐朝李淳風、袁天綱作《推背圖》，用較爲保留的語詞來介紹，此相當大的差異，似有主編王雲五個人主觀意識（相信李淳風、袁天綱合撰《推背圖》），甚或基於當時政治意圖考量（藉以鼓舞時人，圖讖預言抗日終勝）。

按商務印書館與國民政府之淵源，乃至以王雲五先生與蔣中正之親近身份，王雲五先生於 1920 年出版此辭書，正值日本以強國之姿逼迫中國，此書將《推背圖》辭條收錄其中，並直言唐朝李淳風、袁天綱合撰《推背圖》，再參酌當時《推背圖》人手一冊盛況甚至被民間譽爲「天書」信奉，〔註36〕作此政治性推想，亦難謂無據。

又查《廣辭林》所記，與《王雲五大辭典》近合，惟將袁天綱記作袁天罡，其記：

> 《推背圖》。預言歷代變革事故的書，唐朝袁天罡與李淳風合著。
> 〔註37〕

然而，辭書出版與編者素質不齊，本研究必須嚴肅指出其謬，以免貽誤後人，所謂盡信書不如無書，讀者不明反可能受到辭書誤導。據《中國書名釋義大

〔註35〕 王雲五編著：《王雲五大辭典》（上海：商務印書館，1937 年），頁 895。
〔註36〕 詳參本專書第五章第三節〈民國以來流傳考〉。
〔註37〕 朱毅麟撰：《廣辭林》（臺北：東華書局，1986 年），頁 465～466。

辭典》所載：

> 《推背圖》。相傳唐貞觀中李淳風（602～670）、袁天綱撰，讖緯著
> 作，一卷。李淳風生平詳《乙巳占》條。天綱，一作天罡，益州成
> 都（今四川成都）人，精相術，官火井令。見《舊唐書》卷一九一，
> 《新唐書》卷二○四。此書凡六十圖象，以卦分系之，每象之前有
> 簡要解說，每象之下有讖語，並附有「頌曰」詩四句，預言興亡變
> 亂之事，詩句模擬兩可，若明若暗，便於附會。李淳風、袁天綱二
> 人都是著名的天文學家，常在一起研究天文地理和《周易》，想對國
> 家未來作一預測，用圖畫作暗示，以朦朧的文字加以提示。當李淳
> 風繪到第六十圖時，袁天綱已站在他背後，怕他過多地洩露天機，
> 當李淳風畫完第六十圖時，袁推李背止之，並吟四句詩「茫茫天數
> 此中求，世道興衰不自由，萬萬千千說不盡，不如推背去歸休。」
> 於是不再推算，故名《推背圖》。宋太祖即位，詔禁讖書，而此書已
> 流傳數百年，民間多有藏木，不可禁絕，乃命取舊本，亂其序而雜
> 書之，使其言多不中，於是流傳暫稀。後流傳中又有附益，因而傳
> 本不一。
>
> 光緒十三年（1887）抄本爲六十七圖。北京師範大學出版社 1992
> 年出版評點本。〔註38〕

本研究認爲此條立論頗有不當，特別提出予以批駁。《中國書名釋義大辭典》
缺乏辭書嚴謹客觀立場，引論錯舛，容易誤導讀者及後學之士。本專書特別
指出其謬，以正視聽，以免後人信之不疑，誤引此說，陳陳相因。

　　查考史書列傳所載袁天綱雖精於相術，但仍稱不上是天文學家，況且正
史並未有記載二人經常研究天文地理和《周易》，二人並列也僅止於《新唐
書》所記合著《太白通運逆兆通代記圖》，餘皆未有著墨，反倒是民間野史筆
記傳說甚多。該辭書既名爲《中國書名釋義大辭典》，編者未作考證，即予穿
鑿附會或引用他人錯誤資料，實屬不當；更矛盾的是，僅開頭一句以「相
傳」李淳風、袁天綱撰《推背圖》帶過，之後一路鋪陳皆以「肯定」語氣，「全
觀」敘述李淳風、袁天綱共撰《推背圖》的情景與後來發展，前後觀點矛盾
不一，不夠嚴謹。況且，此條最後所列舉北京師範大學出版社 1992 年出版評

〔註38〕趙傳仁、鮑廷毅、葛增福主編：《中國書名釋義大辭典》（濟南：山東友誼出
　　　　版社，2007 年），頁 963。

點本《推背圖》，雖參雜部份清古本《推背圖》圖讖，但其書立論錯誤頗多，適得其反，反曝露此二書《中國書名釋義大辭典》、評點本《推背圖》，主事編者之謬失，諸如：

> 傳說隋末唐初著名的星命學家袁天綱和李淳風……經常在一起研究天文地理和《易經》八卦……想對國家和人類社會的未來發展作一預測……用圖畫作暗示。

> 《推背圖》中圖文下面的批注，傳說是清朝文人金聖嘆寫的。金聖嘆是清朝乾隆時期的御用文人……《推背圖》中的批注是否出自金聖嘆之手，雖然沒有認真考證，但我認為極有可能。因為他是朝廷文人，通曉文史，並經常發表議論和見解。《推背圖》在批注歷史人事時，直言不諱，也很切合金聖嘆的性格。〔註39〕

但就《唐書》記載觀之，袁、李二人互動並不密切，雖《新唐書》卷五十九·志第四十九載有「李淳風與袁天綱共集《太白會運逆兆通代記圖》」（《舊唐書》並無記載），亦難支撐二人經常一起研究天文地理和《易經》八卦，共撰《推背圖》之說；至於金聖嘆更非乾隆時期的御用文人，此誠粗通金聖嘆生平者皆知之事，金聖嘆既非御用文人，而早在順治十八年（1661）即因「抗糧哭廟案」被冤殺，何來能夠活命至乾隆時期？《中國書名釋義大辭典》、評點本《推背圖》編者對於史實未能細究，所言何足憑信？為免誤導大眾、後學陳陳相因，本研究特予提出駁正。並且本章下節對李淳風、袁天綱、金聖嘆生平及著作，有詳細考論，可駁此書點注評析之誤。

據《世界百科大辭典》，社會和人文科學類云：

> 《推背圖》，道教圖讖書。傳為唐貞觀中道士李淳風與袁天罡撰，凡六十圖讖，分系於六十卦。每圖下有讖語，並附頌詩四句。方士據以預言世道興亡變亂，第六十圖象頌曰：「萬萬千千說不盡，不如推背去歸休。」故得名。後世此書流傳甚廣，傳本不一，詩句模擬兩可，意義不明，可供敷演附會。光緒十三年（1887）一抄本增作六十七圖。〔註40〕

〔註39〕 李連斌注編：《推背圖點注評析》（河北：北京師範大學出版社，1992年），頁1、7。

〔註40〕 陳遠等主編：《世界百科大辭典》（濟南：山東教育出版社，1992年），社會人文科學類，頁985。

綜上各家辭書釋義，對於作者問題，大抵皆以相傳《推背圖》作者為唐代李淳風與袁天綱，一語帶過；不過，相關辭書之中也有直接點名並非唐朝李淳風與袁天綱所作。

經查網路版《維基百科全書》，則直言《推背圖》是偽託唐代李淳風與袁天綱所著，並直言《推背圖》之所以神驗，主要係其內容使用大量比喻和漢字的拆解、組合，幾乎任何事都可以在發生後和其中的某一段有牽強的聯繫，其道理和算命說辭幾乎可以適用於所有人是一個道理；並提及第二次世界大戰時期，日軍嘗篡改以表順應天命、侵略中國。有關日軍篡改《推背圖》一事，已有外國研究可供佐證【附圖二七】〔註41〕，另相關史實將於第五章第三節〈民國以來流傳考〉再予併述。

據網路版《維基百科全書》所載：

> 《推背圖》，是中國預言中最為著名的奇書之一，偽託唐朝貞觀年中李淳風和袁天罡所著。全集一卷，流傳有六十及七十二圖像本，以卦分系之。每幅圖像之下均有讖語，並附有「頌曰」詩四句，預言後世興旺治亂之事。書中「頌曰」詩句多模稜兩可，若明若暗，使唐後眾多學者的引用和注解。書名《推背圖》是根據第六十圖像（最後一卦）中的頌曰「萬萬千千說不盡，不如推背去歸休。」而名。

> 從唐朝後期開始，多人為了證明自己受命於天而改動《推背圖》，以至於《推背圖》有多個版本流傳，最為流行的是六十回本。宋朝時趙匡胤曾試圖規定一個被其篡改過的標準版本。第二次世界大戰時期日軍嘗篡改，以表順應天命（侵略中國）。

> 由於《推背圖》的內容使用大量比喻和漢字的分拆、組合，幾乎任何事都可以在發生後和其中的某一段有牽強的聯繫，其道理和算命說辭幾乎可以用於所有人是一個道理。歷代統治者多有禁止《推背圖》一類讖書的。〔註42〕

另據《中華文化辭典》所載：

〔註41〕《Das Bild in der Weissage-Literatur Chinas》（München: Heinz Moos Verlag, 1973），頁 23。

〔註42〕網頁版《維基百科全書》http://www.wikilib.com/wiki?title=%E6%8E%A8%E8%83%8C%E5%9B%BE&variant=zh-tw，上網日期：2010 年 9 月 13 日。

　　《推背圖》，迷信書。相傳唐太宗時李淳風與袁天罡撰，凡六十圖
　　讖，預言後代興亡變亂之事，至袁推李背而止，故名。一說第六十
　　圖讖，頌曰：「萬萬千千説不盡，不如推背去歸休。」依此爲名。此
　　書流傳中多所附益，因之傳本不一，其詩句若明若暗，模擬兩可，
　　便於附會，容易惑人。〔註43〕

值得一提的是，《中華文化辭典》是眾多辭書中，少數直接直言《推背圖》屬
迷信之作。

　　據《中國方術大辭典》所載：

　　《推背圖》，古代預言書。相傳唐術士李淳風與袁天綱共作圖讖，
　　預言後世治亂興廢之事，至六十圖，袁推李背而止，故名。傳本不
　　一，詞意隱晦難明。宋太祖時，詔禁讖書，以此圖流傳已久，命取
　　舊本，混亂其序而雜書之。後世流傳更隨意附益，不足爲據。收入
　　《宋史‧藝文志‧五行類》，一卷。〔註44〕

該書由中山大學古文獻研究所組織編寫，陳永正擔任主編，是一部有關中國
方術的專科辭典，旨在介紹中國方術的基本知識。該書對《推背圖》的介紹，
大抵而言，應屬持平公允。頗值玩味的是，此條介紹《推背圖》「相傳」唐術
士李淳風與袁天綱共作，惟同書中介紹〈李淳風〉、〈袁天綱〉辭條中，對二
人生平介紹及作品皆未提到與《推背圖》的關連。〔註45〕

　　最後，綜而言之，根據各辭書所言，編者對《推背圖》大抵有三種看法：

　　其一，語帶保留，《推背圖》相傳是唐朝李淳風、袁天綱所作，大多辭書
　　　　　以此表述。如商務印書館民國四年初版《辭源》，教育部重編《國
　　　　　語辭典》。

　　其二，直指相信，《推背圖》是唐朝李淳風、袁天綱所作，如《王雲五大
　　　　　辭典》。

　　其三，駁斥偽作，《推背圖》並非唐朝李淳風、袁天綱所作，而係後人偽
　　　　　託，如《中華文化辭典》。

〔註43〕馮天瑜主編：《中華文化辭典》（武漢：武漢大學出版社，2001年），頁277。
〔註44〕陳永正主編：《中國方術大辭典》（廣州：中山大學出版社，1991年），頁
　　　　663。
〔註45〕同前註，頁623、632。

第三節　作者問題

　　《推背圖》的作者，歷來各家都有不同的記載或看法，事實上，欲窮究《推背圖》的作者誰屬，恐已難以確定。茲整理前人所記，大抵而言，有三種傳說：

　　一謂李淳風者，例如：南宋岳珂《桯史》、明代郎瑛《七修類稿》等。

　　一謂袁天綱（罡）者，例如：南宋劉克莊《後村集》、《新編五代史平話》及元代趙道一《歷世眞仙體道通鑑》記載等。

　　一謂李淳風及袁天綱（罡）共作圖讖，例如：晚清徐珂《清稗類鈔》等。

　　本節主要討論《推背圖》的作者問題，將不厭其詳依序一一探討李淳風生平及著作、袁天綱生平及著作，乃至金聖嘆生平及著作，藉由全面檢視三者相關文史資料，以及個人著作內容與思想，從而驗證前人之說「相傳唐司天監李淳風、袁天綱共撰《推背圖》，金聖嘆爲其作註」，其立論基礎是否言之有據，並且一一釐清事實，從客觀文史資料呈現，以及嚴謹考證論述，解析《推背圖》與李淳風、袁天綱、金聖嘆三者究竟有無關連，或者出於後人託其大名僞世之作。

　　事實上，李淳風傳世之記載及著作不少，可藉以考諸李淳風作品及思想，透過貼近研究其本人作品所反映的思想脈絡，從而比對《推背圖》所透露的思想脈絡，二者是否一致或者存有差異。雖然，袁天綱傳世之記載及著作並不如李淳風，生平卒年亦不詳，但是仍可回復歷史記載原點，從中得出研究線索，諸如官職問題。至於英年早逝的金聖嘆傳世之記載及著作，雖然不多但也足夠比對研究其與《推背圖》之關連，特別是金批《六大才子書》及其詩作，皆屬第一手作者個人資料，這也是本專書研究處理作者問題的關鍵切入角度。

　　另外，民國四年乍然出現《金聖嘆手批中國預言》，該書所輯《推背圖》版本，由於屢驗時局，預言日本侵華終敗等史實，並且稱乃傳世眞本，因緣際會爲金聖嘆所得並爲六十象圖讖一一作註，且以金喟署名序文一篇，自此金聖嘆批註《推背圖》風行迄今，信者頗眾，不乏飽學之士。本研究亦將詳予探析金聖嘆批註《推背圖》序文，字裡行間所透露的訊息，一一驗證其說。

一、李淳風生平及著作

李淳風（602～670）確有其人，岐州雍（今陝西鳳翔縣）人。在《舊唐書》、《新唐書》列傳中都有他的事蹟記載，其為唐初時人，博通群書，精天文曆算陰陽之學，職唐朝的司天監（即天文台的長官，亦稱為太史令），通曉天文曆法。他曾經主持鑄造渾儀，編成《麟德曆》取代過時《戊寅曆》。

有關李淳風是否著錄《推背圖》，本專書研究擬從唐史列傳、地方誌以及李淳風所傳著作內容等方向，考論其關聯性。為利徹底釐清李淳風是否著錄《推背圖》，故本章所引資料盡量原文呈現，不予刪節，俾供辨析。

唐朝同時期相關著作，雖對李淳風占候神算也有記載，但多屬小說家言，諸如：唐張鷟所著《朝野僉載》、鍾輅的《感定錄》等，鮮少留下李淳風本人作品，讓人難以從其作品瞭解李淳風中心思想及學問淵源。

《太平廣記》卷二百十五載：

> 〈貞觀祕記〉唐貞觀中秘記云：「唐三世後，有女主武王代有天下。」太宗密召李淳風訪之。淳風奏言：「臣據玄象，推算已定。其人已生，在陛下宮內。從今不滿四十年，當有天下。誅殺子孫殆盡。」太宗曰：「疑似者殺之，何如？」淳風曰：「天之所命，必無禳避之法。王者不死，枉及無辜。且據占已長成，在陛下宮內為眷屬。更四十年又當衰老，老則仁慈。恐傷陛下子孫不多。今若殺之為仇，更生少壯，必加嚴毒。為害轉甚。」遂止。（出《感定錄》）

從李淳風向唐太宗回報「臣據玄象，推算已定。其人已生，在陛下宮內。……天之所命，必無禳避之法。」可知，一乃凸顯李淳風占候神驗，一乃記載天命所歸，乃古代政治主流及氛圍。難得的是，唐《集沙門不應拜俗等事》卷第五·聖朝議拜篇第三（上）〈蘭臺祕閣局郎中李淳風議狀一首〉，收錄李淳風議狀，可資查考。其言「悖德悖禮，為大亂之本源。唯敬唯忠，乃經邦之正軌」。全篇充滿濃厚儒家思想，非如後世形塑之道家印象，也與同朝時期《朝野僉載》、《感定錄》描述之「預知時事，通天神驗」形象大相逕庭，實為研究李淳風學養背景相當重要之材料，更屬罕見之資料。其時應在唐高宗「龍朔二年（662），改授秘閣郎中」之後，「咸亨初（670），官名復舊，還為太史令」之前。〈蘭臺祕閣局郎中李淳風議狀一首〉，其議狀載：

> 竊以三辟之重，要君者無上（彈曰：沙門承恩入道，非曰要君）五刑之極。

非孝者無親（彈曰：親放出家，詎爲非孝耶）是以悖德悖禮，爲大
亂之本源（彈曰：僧等動依經教，非悖德禮也）唯敬唯忠，乃經邦
之正軌（彈曰：僧等雖形闕奉親，而內懷其孝敬也。禮乖事主，而
心戢其恩忠也）

至於老教虛靜，資柔弱以曲全，釋典沖和，常不輕爲普敬（事如左
威衛議中彈）未聞傲慢君親，矜夸眾庶（彈曰：沙門身具佛戒，形
具佛儀。人天自仰，寧是矜傲）可以淳風勵俗，安國寧家者也。

今令道士女官僧尼恭拜君親，於道佛無虧（彈曰：經云：拜君損君，
拜親損親，行敬違教，孰曰無虧）復從國王正法，大革前弊，深廢
澆訛（彈曰：以順法爲訛弊，用違教爲廢革，可謂首冥適越，背道
逾多）使其永識隨順之方，更知天性之重。謹議。〔註46〕

查後晉劉昫《舊唐書》，卷七十九，列傳第二十九，李淳風事蹟全文，並無隻
字提到《推背圖》，惟有提及「太宗之世有《秘記》云：「唐三世之後，則女
主武王代有天下。」太宗嘗密召淳風以訪其事，淳風曰：「臣據象推算，其兆
已成」。」乙事：

李淳風，岐州雍人也。其先自太原徙焉。父播，隋高唐尉，以秩卑
不得志，棄官而爲道士。頗有文學，自號黃冠子。注《老子》，撰《方
誌圖》，文集十卷，並行於代。淳風幼俊爽，博涉群書，尤明天文、
曆算、陰陽之學。

貞觀初，以駁傅仁均曆議，多所折衷，授將仕郎，直太史局。尋又
上言曰：「今靈臺候儀，是魏代遺範，觀其製度，疏漏實多。臣案《虞
書》稱，舜在璇璣玉衡，以齊七政。則是古以混天儀考七曜之盈縮
也。《周官》大司徒職，以土圭正日景，以定地中。此亦據混天儀日
行黃道之明證也。暨于周末，此器乃亡。漢孝武時，洛下閎復造混
天儀，事多疏闕。故賈逵、張衡各有營鑄，陸績、王蕃遞加修補，
或綴附經星，機應漏水，或孤張規郭，不依日行，推驗七曜，並循
赤道。今驗冬至極南，夏至極北，而赤道當定於中，全無南北之異，
以測七曜，豈得其眞？黃道渾儀之闕，至今千餘載矣。」太宗異其

───────────────

〔註46〕 大藏經刊行會編：《大正新脩大藏經》（臺北：世樺公司，1994年），第52卷，
頁466。

説，因令造之，至貞觀七年造成。其製以銅爲之，表裏三重，下據準基，狀如十字，末樹鰲足，以張四表焉。第一儀名曰六合儀，有天經雙規、渾緯規、金常規，相結於四極之內，備二十八宿、十干、十二辰，經緯三百六十五度。第二名三辰儀，圓徑八尺，有璇璣規道，月遊天宿矩度，七曜所行，並備於此，轉於六合之內。第三名四遊儀，玄樞爲軸，以連結玉衡遊筩而貫約規矩；又玄樞北樹北辰，南距地軸，傍轉於內；又玉衡在玄樞之間而南北遊，仰以觀天之辰宿，下以識器之晷度。時稱其妙。又論前代渾儀得失之差，著書七卷。名爲《法象志》以奏之。太宗稱善，置其儀於凝暉閣，加授承務郎。

十五年，除太常博士。尋轉太史丞，預撰《晉書》及《五代史》，其《天文》、《律曆》、《五行志》皆淳風所作也。又預撰《文思博要》。二十二年，遷太史令。初，太宗之世有《秘記》云：「唐三世之後，則女主武王代有天下。」太宗嘗密召淳風以訪其事，淳風曰：「臣據象推算，其兆已成。然其人已生，在陛下宮內，從今不逾三十年，當有天下，誅殺唐氏子孫殲盡。」帝曰：「疑似者盡殺之，如何？」淳風曰：「天之所命，必無禳避之理。王者不死，多恐枉及無辜。且據上象，今已成，復在宮內，已是陛下眷屬。更三十年，又當衰老，老則仁慈，雖受終易姓。其於陛下子孫，或不甚損。今若殺之，即當復生，少壯嚴毒，殺之立讎。若如此，即殺戮陛下子孫，必無遺類。」太宗善其言而止。

淳風每占候吉凶，合若符契，當時術者疑其別有役使，不因學習所致，然竟不能測也。

顯慶元年，復以修國史功封樂昌縣男。先是，太史監候王思辯表稱《五曹》、《孫子》、《十部算經》理多踦駁。淳風復與國子監算學博士梁述、太學助教王眞儒等受詔注《五曹》、《孫子》、《十部算經》。書成，高宗令國學行用。龍朔二年，改授秘閣郎中。時《戊寅曆法》漸差，淳風又增損劉焯《皇極曆》，改撰《麟德曆》奏之，術者稱其精密。咸亨初，官名復舊，還爲太史令。年六十九卒。所撰《典章文物志》、《乙巳占》、《秘閣錄》，並《演齊人要術》等凡十餘部，多傳於代。

子謗，孫仙宗，並為太史令。〔註47〕

劉昫《舊唐書》所載，篇幅頗多，近約千字。按《舊唐書》所記載的李淳風勸諫太宗「天之所命，必無禳避之理。王者不死，多恐枉及無辜」故事，應出自《感定錄》「天之所命，必無禳避之法。王者不死，枉及無辜」。換言之，後世史家將李淳風勸諫太宗，順應天命以保大業的小說家言列入史書，某種程度神化了李淳風方技的能力與地位，也契合封建社會的神話需要，更提供了後世史家、筆記小說無限發揮的題材源頭。

北宋歐陽修、宋祁等合撰《新唐書》，文字篇幅較後晉劉昫《舊唐書》精簡。《新唐書》並將李淳風歸入「方伎」第一位，開頭一段話，列舉李淳風受召解祕讖並諫唐太宗勿濫殺無辜，讚曰「卓然有益於時」，引為方伎典範，可見唐、宋人士對李淳風的風範推崇之至。其曰：

> 凡推步、卜、相、醫、巧，皆技也。能以技自顯於一世，亦悟之天，非積習致然。然士君子能之，則不迂，不泥，不矜，不神；小人能之，則迂而入諸拘礙，泥而弗通大方，矜以誇眾，神以誑人，故前聖不以為教，蓋吝之也。

> 若李淳風諫太宗不濫誅，許胤宗不著方劑書，嚴譔諫不合乾陵，乃卓然有益於時者，茲可珍也。至遠知、果、撫等詭行紀怪，又技之下者焉。〔註48〕

至於李淳風事蹟，據《新唐書》卷二百零四，列傳第一百二十九所載：

> 李淳風，岐州雍人。父播，仕隋高唐尉，棄官為道士，號黃冠子，以論譔自見。淳風幼爽秀，通群書，明步天曆算。貞觀初，與傅仁均爭曆法，議者多附淳風，故以將仕郎直太史局。制渾天儀，詆摭前世得失，著《法象書》七篇上之。擢承務郎，遷太常博士，改太史丞，與諸儒修書，遷為令。太宗得祕讖，言：「唐中弱，有女武代王。」以問淳風，對曰：「其兆既成，已在宮中。又四十年而王，王而夷唐子孫且盡。」帝曰：「我求而殺之，奈何？」對曰：「天之所命，不可去也，而王者果不死，徒使疑似之戮淫及無辜。且陛下所親愛，四十年而老，老則仁，雖受終易姓，而不能絕唐。若殺之，復生壯者，多殺而逞，則陛下子孫無遺種矣！」帝采其言，止。

〔註47〕〔後晉〕劉昫等撰：《舊唐書》（北京：中華書局，1975年），頁2717~2719。
〔註48〕〔宋〕歐陽修等等撰：《新唐書》（北京：中華書局，1975年），頁5797。

淳風於占候吉凶，若節契然，當世術家意有鬼神相之，非學習可致，終不能測也。以勞封昌樂縣男。奉詔與算博士梁述、助教王眞儒等是正《五曹》、《孫子》等書，刊定注解，立於學官。撰《麟德歷》代《戊寅歷》，候者推最密。自秘閣郎中復爲太史令，卒。所撰《典章文物誌》、《乙巳占》等書傳於世。

子諺（諺），孫仙宗，並擢太史令。〔註49〕

從上可知，不論是後晉劉昫《舊唐書》或是北宋歐陽修、宋祁等合撰《新唐書》，皆有保留唐太宗與李淳風有關「武后代唐」祕讖的對話，二者皆明確記載此事，只是「武后代唐」二者記載時間不同，劉昫《舊唐書》言「『唐三世之後，則女主武王代有天下』，淳風對曰：『從今不逾三十年，當有天下。』」歐陽修、宋祁《新唐書》則言「『唐中弱，有女武代王』，淳風對曰：『其兆既成，已在宮中。又四十年而王。』」

按武媚娘入宮在太宗貞觀十一年（637），高宗於弘道元年（683）去世，武后稱帝（690）。由是觀之，祕記讖言《舊唐書》「三世之說」比《新唐書》「唐中弱」較爲貼近史實，但所記李淳風預言，《新唐書》「已在宮中，又四十年而王」，則比《舊唐書》「不逾三十年，當有天下」較爲合理。但無論如何，顯見此事流傳深遠，唐、宋人士信之不疑，也樹立李淳風無可撼動的占候地位與預知能力，更爲後世有心「僞託者」找到絕佳「代言人」。

不過，值得注意的是，武后代唐乙事，雖然李淳風已預知並勸諫唐太宗，但仍有後續發展，此從後晉劉昫《舊唐書》卷六十九‧列傳第十九可知，唐太宗雖採李淳風之諫，但心中仍爲「當有女武王者」之讖耿耿於懷，而誤殺李君羨。其載：

李君羨者，洺州武安人也。初爲王世充驃騎，惡世充之爲人，乃與其黨叛而來歸，太宗引爲左右。從討劉武周及王世充等，每戰必單騎先鋒陷陣，前後賜以宮女、馬牛、黃金、雜彩，不可勝數。太宗即位，累遷華州刺史，封武連郡公。

貞觀初，太白頻晝見，太史占曰：「女主昌」。又有謠言：「當有女武王者。」太宗惡之。時君羨爲左武衛將軍，在玄武門。太宗因武官內宴，作酒令，各言小名。君羨自稱小名「五娘子」，太宗愕然，因

〔註49〕同前註，頁 5798。

大笑曰：「何物女子，如此勇猛！」又以君羨封邑及屬縣皆有「武」
字，深惡之。

會御史奏君羨與妖人員道信潛相謀結，將爲不軌，遂下詔誅之。天
授二年，其家屬詣闕稱冤，則天乃追復其官爵，以禮改葬。〔註50〕

史載可見，唐太宗即便不是刻意安個罪名，誅除心患，至少也是順水推舟藉
機把李君羨給殺了。這也反映了唐太宗對於讖言天命之說，是放在心上的。

北宋歐陽修、宋祁等合撰《新唐書》卷九十四‧列傳第十九，同樣也有
記載唐太宗爲此謠讖「當有女武王者」而誤殺李君羨，此說，當爲可信。
其載：

李君羨，洛州武安人。初事李密，後爲王世充驃騎。惡世充爲人，
率其屬歸高祖，授上輕車都尉。秦王引置左右，從破宋金剛於介休，
加驃騎將軍，賜以宮人、繒帛。從討王世充，爲馬軍副總管。世充
子玄應自武牢轉糧入洛，君羨俘其軍，玄應走。從破竇建德、劉黑
闥，所向必先登摧其鋒，累授上衛府中郎將。突厥至渭橋，君羨與
尉遲敬德擊破之。太宗曰：「使皆如君羨者，虜何足憂！」改左武候
中郎將，封武連縣公，北門長上。在仗讀書不休，帝嘉勞。歷蘭州
都督、左監門衛將軍。

先是，貞觀初，太白數晝見，太史占曰：「女主昌。」又謠言「當有
女武王者」。會內宴，爲酒令，各言小字，君羨自陳曰「五娘子」。
帝愕然，因笑曰：「何物女子，乃此健邪！」又君羨官邑屬縣皆「武」
也，忌之。未幾，出爲華州刺史。會御史劾奏君羨與狂人爲妖言，
謀不軌，下詔誅之。

天授中，家屬詣闕訴冤，武后亦欲自詫，詔復其官爵，以禮改葬。

贊曰：侯君集位將相私謁太子，張亮養子五百人，薛萬徹與狂豎謀，
皆死有餘責，又何咎哉？以太宗之明德，蔽於謠讖，濫君羨之誅，
徒使孽後引以自神，顧不哀哉！〔註51〕

北宋歐陽修、宋祁《新唐書》〈李君羨〉此條最末，仍以惋惜的口吻，評價賢
明如唐太宗者，仍受謠讖影響而濫殺無辜，更何況其他無德君王呢？可見謠
讖對古代社會影響之深，實令今日吾人難以想像。

〔註50〕同註47，頁2524～2525。
〔註51〕同註48，頁3836～3837。

　　細查新、舊《唐書》李淳風列傳，皆無李淳風作《推背圖》的記載，並且遍查唐朝其他人著錄，亦未有相關說法，故南宋岳珂云「李淳風作《推背圖》」之說法，因已距李淳風生年數百年，其間並無前人資料佐證，是李淳風作《推背圖》之說，恐難憑信。諸如：唐吳競撰；元戈直集論《貞觀政要・政體第二》，即有「孫思邈之醫藥、李淳風之曆數、袁天綱之相法，莫不至精至妙，度越千古後世，人才之盛莫能及也」之論。然元戈直集雖提到李淳風之曆數、袁天綱之相法，至精至妙，卻未敘及李、袁二人有所交誼，甚或共作《推背圖》。

　　然而宋、元之際，時人多將兩人相提並論，諸如：元釋慧泉輯《林泉老人評唱投子青和尚頌古空谷集》第四十七則〈龍宿鳳巢〉評唱云：

> 林泉道：利物瀾翻三寸舌。爲人不惜兩莖眉。恁麼看來。夾山雖作典座輔弼叢林。爭奈杓柄在他手裏。潙山故問：今日喫甚麼菜。正意本要洗擇精細不惹妄塵。和湯合水大家知味。是他便向粥檻邊甕桶外。箸挑不起處。匙抄不上時。對他道。二年同一春。便是袁天綱、李淳風也算他不著。故云好好修事著。〔註52〕

評唱頌古這種體裁在宋、元之際相當流行。自從北宋臨濟宗汾陽下五世圜悟克勤（1063～1135）對雪竇重顯的頌古百則進行評釋、唱頌，以「繞路說禪」，撰成《碧岩錄》十卷。此後，元代曹洞宗僧萬松行秀（1166～1246）評唱天童正覺的頌古百則，撰《從容錄》六卷；又評唱其拈古百則，撰《請益錄》二卷。其弟子林泉從倫評唱投子義青的頌古百則，撰《空谷集》六卷。本文所節錄元人評唱頌古一則，時人將袁天綱、李淳風並列，可見宋、元之際，當時二人已被神化，合爲一談。

　　再查明趙庭瑞撰修《陝西通志》，明嘉靖二十一年刊本，其卷二十八・文獻十六「鳳翔、漢中、平涼三府鄉賢」所記，李淳風事蹟中亦無著作《推背圖》。

> 李淳風，岐州雍人。幼爽秀，通群書，明步天曆算。貞觀初，與傳仁均爭曆法，議者多附淳風，故制渾天儀，詆撼前世得失，著《法象書》七篇上之。遷太常博士與諸儒修書，遷爲令。太宗得讖，言：「唐中弱，有女武代王。」以問淳風，對曰：「其兆既成，已在宮中。

〔註52〕 《卍新纂續藏經》第 67 冊，No.1303《林泉老人評唱投子青和尚頌古空谷集》，CBETA 電子佛典 V1.11 普及版。

又四十年而王，夷唐子孫殆盡。」帝曰：「求殺之，奈何？」對曰：「天之所命，不可去也，而王者果不死，徒淫及無辜。且陛下所親愛，四十年而老，老則仁，雖愛終易姓，而不能絕唐。若殺之，復生壯者，多殺而逞，則陛下子孫無遺種矣！」帝乃止。

淳風於占候吉凶，若節契然。以勞封昌樂縣男。奉詔與算博士梁述等是正《五曹》、《孫子》等書，刊定注解，立於學官。撰《麟德曆》代《戊寅曆》。自秘閣郎中復爲太史令，卒。所撰《典章文物志》、《乙巳占》等書傳於世。〔註53〕

明嘉靖《陝西通志》此條主要依據《新唐書》所載，內容不出其載述李淳風事蹟，僅略省部份文字。

清乾隆三十一年鳳翔府知府達靈阿所獻《鳳翔府志》，其卷之七・人物，將李淳風列入方伎，在李淳風事蹟中亦無著作《推背圖》。

李淳風，岐州雍人。通群書，明步天曆算。貞觀中得秘讖，言：「唐中弱，有女武代王。」以問淳風，對曰：「其兆既成，已在宮中。又四十年而王，夷唐子孫且盡。」帝曰：「我求而殺之，奈何？」對曰：「天之所命，不可去也，徒使疑似之戳淫及無辜。且四十年而老，老則仁，雖易姓，不能絕唐。若殺之，復生壯者，則陛下子孫無遺種矣！」帝採其言。淳風於占候占兇，若節契然。以勞封昌樂縣男。撰《麟德歷》代《戊寅歷》，候者推最密。自秘閣郎中復爲太史令，卒。〔註54〕

考諸清乾隆《鳳翔府志》此條內文，主要文字亦依據《新唐書》所載，內容不出其載述李淳風事蹟，並較明嘉靖《陝西通志》更爲簡略，但卻仍保留唐太宗得秘讖以問淳風乙節，可見自唐以降，傳云唐太宗得秘讖以問淳風，朝野皆信而存之。

據後晉劉昫《舊唐書・李淳風傳》所載，「所撰《典章文物誌》、《乙巳占》、《秘閣錄》，並《演齊人要術》等凡十餘部，多傳於代。」《舊唐書・志第十六・天文下》提及「李淳風撰《法象志》，李淳風刊定《隋志》」，可知李淳風確曾專著凡十餘部，這是很重要的訊息，但是唐朝距今千餘年，已「多不傳

〔註53〕黃文秀、吳平主編：《華東師範大學圖書館藏稀見方志叢刊》（北京：北京圖書館出版社，2005年），第4冊，頁193。

〔註54〕《中國地方志集成》（南京：鳳凰出版社，2007年），陝西府縣志輯第31冊，頁285。

於代」，《典章文物誌》、《秘閣錄》等皆已散佚，即便《乙巳占》亦所傳不全，清乾隆編修《四庫全書》時並未覓得此書，故未收錄其中，民國商務印書館出版《叢書集成》，乃據陸心源《十萬卷樓叢書》本，將《乙巳占》重新標點排印，今人始得一窺其要。

綜上資料可證，《推背圖》既未見《舊唐書》記載係李淳風著錄，又何能遽論傳至今日坊間流傳且內容完整的金聖嘆批註《推背圖》乃千年前唐臣李淳風所撰？而明、清史實的圖讖篇幅又遠多於唐、宋的圖讖篇幅，坊本《推背圖》作者倘仍直言係李淳風，豈不怪哉？不知所據為何？

後晉劉昫《舊唐書·李淳風傳》又載，「十五年，除太常博士。尋轉太史丞，預撰《晉書》及《五代史》，其《天文》、《律曆》、《五行志》，皆淳風所作也」。故而，也可藉由該等史料內容，更加瞭解李淳風的思想體系與鉤稽《推背圖》與李淳風是否存在關聯。

《晉書》志第一·天文，篇首云：

> 昔在庖犧，觀象察法，以通神明之德，以類天地之情，可以藏往知來，開物成務。故《易》曰：「天垂象，見吉凶，聖人象之。」此則觀乎天文以示變者也。

> 《尚書》曰：「天聰明自我民聰明。」此則觀乎人文以成化者也。是故政教兆於人理，祥變應乎天文，得失雖微，罔不昭著。

> 然則三皇邁德，七曜順軌，日月無薄蝕之變，星辰靡錯亂之妖。黃帝創受《河圖》，始明休咎，故其《星傳》尚有存焉。降在高陽，乃命南正重司天，北正黎司地。爰洎帝嚳，亦式序三辰。唐、虞則羲和繼軌，有夏則昆吾紹德。年代綿邈，文籍靡傳。至於殷之巫咸、周之史佚，格言遺記，於今不朽。其諸侯之史，則魯有梓慎，晉有卜偃，鄭有裨竈，宋有子韋，齊有甘德，楚有唐昧，趙有尹皋，魏有石申夫，皆掌著天文，各論圖驗。其巫咸、甘、石之說，後代所宗。暴秦燔書，六經殘滅，天官星占，存而不毀。及漢景、武之際，司馬談父子繼為史官，著《天官書》，以明天人之道。其後中壘校尉劉向，廣〈洪範〉災條，作《皇極論》，以參往之行事。及班固敘漢史，馬續述〈天文〉，而蔡邕、譙周各有撰錄，司馬彪採之，以繼前志。今詳眾說，以著於篇。〔註55〕

〔註55〕 〔唐〕房玄齡等撰：《晉書》（北京：中華書局，1974年），頁277～278。

《晉書》志第六‧律歷，篇首云：

《易》曰：「形而上者謂之道，形而下者謂之器。」夫神道廣大，妙本於陰陽；形器精微，義先於律呂。聖人觀四時之變，刻玉紀其盈虛；察五行之聲，鑄金均其清濁，所以遂八風而宣九德，和大樂而成政道。然金質從革，侈弇無方；竹體圓虛，修短利制。是以神瞽作律，用寫鐘聲，乃紀之以三，平之以六，成於十二，天之道也。又葉時日於晷度，效地氣於灰管，故陰陽和則景至，律氣應則灰飛。灰飛律通，吹而命之，則天地之中聲也。故可以範圍百度，化成萬品，則《虞書》所謂「葉時月正日，同律度量衡」者也。中聲節以成文，德音章而和備，則可以動天地，感鬼神，道性情，移風俗。葉言志於詠歌，鑒盛衰於治亂，故君子審聲以知音，審音以知樂，審樂以知政，蓋由茲道。

太史公〈律書〉云：「王者制事立物，法度軌則，一稟於六律。六律爲萬事之本，其於兵械尤所重焉。故云望敵知吉凶，聞聲效勝負，百王不易之道也。」〔註56〕

《晉書》志第十七‧五行，篇首云：

夫帝王者，配德天地，葉契陰陽，發號施令，動關幽顯，休咎之徵，隨感而作，故《書》曰：「惠迪吉，從逆凶，惟影響。」昔伏羲氏繼天而王，受《河圖》，則而畫之，八卦是也。禹治洪水，賜《洛書》，法而陳之，〈洪範〉是也。聖人行其道，寶其真，自天祐之，吉無不利。三五已降，各有司存。爰及殷之箕子，在父師之位，典斯大範。周既克殷，以箕子歸，武王虛己而問焉。箕子對以禹所得《雒書》，授之以垂訓。然則《河圖》、《雒書》相爲經緯，八卦、九章更爲表裡。

殷道絕，文王演《周易》；周道弊，孔子述《春秋》。奉乾坤之陰陽，郊〈洪範〉之休咎，天人之道，粲然著矣。……

綜而爲言，凡有三術。其一曰，君治以道，臣輔克忠，萬物咸遂其性，則和氣應，休徵效，國以安。二曰，君違其道，小人在位，眾庶失常，則乖氣應，咎徵效，國以亡。三曰，人君大臣見災異，退

〔註56〕同前註，頁473～474。

而自省，責躬修德，共禦補過，則消禍而福至。此其大略也。輒舉
斯例，錯綜時變，婉而成章，有足觀者。及司馬彪纂光武之後，以
究漢事，災眚之說不越前規。今采黃初以降言祥異者，著於此篇。
〔註57〕

從以上諸篇序文可知，李淳風繼承了先秦「天垂象、見吉凶」，並融合漢代董
仲舒以降的「天人感應」思想，將天災與人事合而為一，字裡行間處處流露
「儒家」之言，以及對前人的迷信質疑，實難想像後人將李淳風歸之于「道
家」者流，所憑為何？

　　《乙巳占》，今存十卷。一說成書于貞觀十九年（645），是年恰逢乙巳
年，故名。一說成書于唐顯慶元年（656）之後，清人陸心源解釋：「上元
乙巳之歲，十一月甲子朔，冬至夜半，日月如合璧，五星如連珠，故以為
名。」該書係李淳風將唐代以前數十種星占書分類匯抄而成，且除星占外，
還有天文、氣象等內容。書中還保存有作者李淳風早年所撰《乙巳元歷》的
若干資料，以及李淳風《法象志》等其他專著相關資料，古代許多天文學
名詞解釋也賴以得傳，彌足珍貴。故而，從此書序云「朝議郎行祕閣郎中護
軍昌樂縣開國男李淳風撰」的文字中，當可理解李淳風思想脈絡。〈乙巳占
序〉云：

夫神功造化，大易無以測其源；玄運自然，陰陽不可推其末。故乾
元資始，通變之理不窮；坤元資生，利用之途無盡；無源無末，眾
妙之門大矣；無窮無盡，聖人之道備矣。昔者伏犧氏之王天下也，
仰則觀象於天，俯則觀法於地。觀鳥獸之文，與天地之宜，近取諸
身，遠取諸物，於是始畫八卦，以通神明之德，以類萬物之情，故
可以探賾索隱，鈎深致遠，幽潛之狀不藏，鬼神之情可見，允符至
理，盡性窮源，斷天下之疑，通天下之志，定天下之業，冒天下之
道。可久可大，通遠逾深，明本其宗，致在於茲矣。故曰天垂象，
見吉凶，聖人則之；天生變化，聖人效之。法象莫大乎天地，變通
莫大於四時。懸象著明，莫大乎日月，是知天地符觀，日月耀明，
聖人備法，致用遠矣。昔在唐堯，則歷象日月，敬授人時。爰及虞
舜，在璿璣玉衡，以齊七政。暨乎三王五霸，克念在茲。先後從順，
則鼎祚永隆；悖逆庸違，乃社稷顛覆。是非利害，豈不然矣？斯道

〔註57〕 同前註，頁 799～800。

實天地之宏綱，帝王之壯事也。至於天道神教，福善禍淫，譴告多方，鑑戒非一。故列三光以垂照，布六氣以效祥。候鳥獸以通靈，因謠歌而表異。同聲相應，鳴鶴聞於九皋；同氣相求，飛龍吟乎千里。兼復日虧麟鬬，月減珠消，暈逐灰移，彗因魚出。門之所召，隨類畢臻，應之所授，待感斯發。無情尚爾，況在人乎？

余幼纂斯文，頗經研習，古書遺記，近數十家，而遭大業昏凶，多致殘缺，泛觀歸旨，請略言焉。夫神妙無方，義該萬品；陰陽不測，事同百慮。故景星夜煥，慶雲朝集，二明合於北陸，五緯聚於東井。此乃表帝星之聖德，順天下之嘉瑞也。孛氣見於夏終，彗星著於秦末，或狗象而東墜，或蛇行而西流。此則呈執政之酷暴，逆生民之禍應也。殷帝翦髮，沃澤潤乎千里；宋公請殃，熒惑退移三舍。此則修善之慶，至德可以禳災也。劉裕作逆，以長星爲紀瑞；母邱起亂，以蚩尤爲我祥。此則覆宗之咎，逆恒天欣害也。唐堯欽明，鎮還水府；殷湯聖政，焦金流石。此猶日在北陸而冰寒，日行南陸而炎暑，月麗箕而多風，月從畢而多雨。此運數之大期，非關於治亂者也。荊軻謀秦，白虹貫日；衛生設策，長庚食昴。魯陽麾指，而曜靈迴駕；苟公道高，而德星爰聚，此則精誠所感，而上靈懸著也。黃星出漢，表當塗揖讓之符；紫氣見秦，呈典午南遷之應，妖象著而殃鍾齊晉，蛇乘龍而禍連周楚。熒惑守心，始皇以終；流光墜地，公孫遂隙。此則先形以設兆也。使流入蜀，李郃辯其象；客氣逼座，嚴陵當其占。芒碭之異氣常存，春陵之火光不絕。或稷星楚幕，氣兆晉軍。此則當時旌象也。周衰夜明，常星不見；漢失其德，日暈晝昏。女主攝政，遂使紀綱分析；權臣擅威，乃令至柔震動。景藏飛燕，地裂鳴雉。此則後事而星驗也。是乃或前事以告祥，或後政而示罰，莫不若影隨形，如聲召響，咎謫時至，譴過無差，休應若臻，福善非謬，居遠察邇，天高聽卑，聖人之言，信其然矣。

是故聖人寶之，君子勤之，將有興也。諮焉而已，從事受命莫之違。然垂景之象，所由非一，占人管見，異矩別規。至如開基闡業，以濟民俗，因河洛而表法，擇賢達以授官，則軒轅、唐虞、重黎、羲和，其上也。疇人習業，世傳常數，不失其所守，妙蹟可稱，巫咸、

石氏、甘公、唐昧、梓慎、禆灶，其隆也。博物達理，通於彝訓，綜覈根源，明其大體，箕子、子產，其高也。抽祕思，述軌模，探幽冥，改弦調，張平子、王興元，其枝也。沈思通幽，曲窮情狀，緣枝反榦，尋源達流，譙周、管輅、吳範、崔浩，其最也。託神設教，因變敦獎，亡身達節，書理輔諫，谷永、劉向、京房、郎顗之，其盛也。短書小記，偏執一途，多說遊言，獲其半體，王朔、東方朔、焦貢、唐都、陳卓、劉表、郤萌，其次也。委巷常情，人間小惠，意唯財穀，志在米鹽，韓楊、錢樂，其末也。參同異，會殊途，觸類而長，拾遺補闕，蔡邕、祖暅、孫僧化、庾季才，其博也。竊人之才，掩蔽勝己，諂諛先意，讒害忠良，袁充，其酷也。妙賾幽微，反招嫌忌，忠告善道，致被傷殘，郭璞，其命也。

自古及今，異人代有，精窮數象，咸司厥職，或取驗一時，或傳書千載，或竭誠奉國，或嘉遯相時，隱顯之跡既殊，詳略之差未等。余不揆末學，集眾所記，以類相聚，編而次之。採摭英華，刪除繁偽，小大之間，折衷而已，始自天象，終于風氣，凡爲十卷，賜名《乙巳》。每於篇首，各陳體例，書云盡意，豈及多陳？文外幽情，寄於輪廓，後之同好，幸悉余心。〔註58〕

綜觀《乙巳占》序全篇文體以及思想脈絡，李淳風勸戒向善，多屬儒家之言，諸如：「天垂象，見吉凶，聖人則之」、「天道神教，福善禍淫，譴告多方，鑑戒非一」、「應之所授，待感斯發。無情尚爾，況在人乎？」與後世陳陳相因，將李淳風歸之道家者流，頗有出入，觀此序文，實難聯想後世相傳玄之又玄、預言中國歷代興衰的《推背圖》，同樣出自李淳風之手。

此外，還有一個很重要的訊息，頗值注意。在《乙巳占》序首，題有「朝議郎行祕閣郎中護軍昌樂縣開國男李淳風撰」，此與《唐史》所記李淳風官銜完全吻合，反倒是金聖嘆批註本《推背圖》，以及眾多版本不一的《推背圖》，皆題爲「唐司天監袁天罡　李淳風撰」，實乃一大錯誤，按唐初並無「司天監」之稱，而係「太史局」，故史書皆載李淳風歷任「太史局」承務郎、太史丞、太史令、祕閣郎中等職，且袁天罡（綱）僅任職地方火井令，故《推背圖》是否出於袁天罡（綱）、李淳風二人之手，實有大疑。

〔註58〕 《叢書集成新編》（上海：上海書店出版社，1994年），第22冊，頁686～687。

　　按常理，歷史人物所撰之書傳世，其官銜應不致有錯，反倒是相去甚遠的朝代，才易有張冠李戴的誤謬發生，司天監乃唐乾元元年（758）改太史令而置，距李淳風卒年（670）已晚八十餘載，故而今存《推背圖》署名「唐司天監袁天罡　李淳風撰」反露破綻，啓人疑竇。

　　此外，《隋書》記載有關讖緯文字，因係李淳風所撰，故頗值詳觀，藉以瞭解李淳風思想脈絡，也可資比對後人相傳李淳風撰《推背圖》之說的眞實性。〔註59〕

　　《隋書‧卷三十二‧經籍一‧讖緯》，其云：

　　　　《易》曰：「河出圖，洛出書。」然則聖人之受命也，必因積德累業，
　　　　豐功厚利，誠著天地，澤被生人，萬物之所歸往，神明之所福饗，
　　　　則有天命之應。蓋龜龍銜負，出於河、洛，以紀易代之徵，其理幽
　　　　昧，究極神道。先王恐其惑人，秘而不傳。說者又云，孔子既敍六
　　　　經，以明天人之道，知後世不能稽同其意，故別立緯及讖，以遺來
　　　　世。其書出於前漢，有《河圖》九篇，《洛書》六篇，云自黃帝至周
　　　　文王所受本文。又別有二十篇，云自初起至於孔子，九聖之所增演，
　　　　以廣其意。又有《七經緯》三十六篇，並云孔子所作，並前合爲八
　　　　十一篇。而又有《尚書中候》、《洛罪級》、《五行傳》、《詩推度災》、
　　　　《氾歷樞》、《含神務》、《孝經勾命訣》、《援神契》、《雜讖》等書。
　　　　漢代有郗氏、袁氏說。漢末，郎中郗萌集圖緯讖雜占爲五十篇，謂
　　　　之《春秋災異》。宋均、鄭玄並爲讖緯之注。然其文辭淺俗，顛倒舛
　　　　謬，不類聖人之旨。相傳疑世人造僞之後，或者又加點竄，非其實
　　　　錄。起王莽好符命，光武以圖讖興，遂盛行於世。漢時，又詔東平
　　　　王蒼正五經章句，皆命從讖。俗儒趨時，益爲其學，篇卷第目，轉
　　　　加增廣。言五經者，皆憑讖爲說。唯孔安國、毛公、王璜、賈逵之
　　　　徒獨非之，相承以爲妖妄，亂中庸之典。故因漢魯恭王、河間獻王
　　　　所得古文，參而考之，以成其義，謂之「古學」。當世之儒，又非毀
　　　　之，竟不得行。魏代王肅，推引「古學」，以難其義。王弼、杜預，
　　　　從而明之，自是「古學」稍立。

─────────────────────

〔註59〕李淳風精闢指出讖緯的起源傳說及散佚之由，並且認爲「俗儒趨時，益爲其
　　　　學」。細考此一評語，對於考辨李淳風與《推背圖》的關連性至爲關鍵，本研
　　　　究認爲，李淳風既已批評漢代俗儒迎合上意，益爲圖讖之學，又何必自貶爲
　　　　俗儒，編寫《推背圖》傳世？

至宋大明中，始禁圖讖，梁天監已後，又重其制。

及高祖受禪，禁之逾切。煬帝即位，乃發使四出，搜天下書籍與讖緯相涉者，皆焚之，為吏所糾者至死。自是無復其學，秘府之內，亦多散亡。〔註60〕

又據明藍格鈔本《玉曆通政經》李淳風所序：

夫天道昭然，理無差忒。思測不至，占乃無驗。苟能窮神知化，觀象洞元，占何所不驗歟？立占之法本非襲吉，特以塞咎。故世治國安，指象陳災，為君所戒，以保邦於未危，世變國亂，推象探章，察數未墜，以處身於無禍，乃安中問危、凶中占吉之謂也。通政經數陳占，條列於眾論，非所指歸，蓋以天象垂變，察乎時政，與上象意相契者為陳，則占無不驗也。又豈特拘指，豈云虛言為一時之應問歟？〔註61〕

查考《玉曆通政經》序文與《乙巳占》序文，其思緒大抵無差，乃強調「天象垂變，察乎時政」，在目前少數僅存的李淳風著述中，提供非常重要的訊息，可供後人研究比對。

又查盧嘉錫總主編《中國科學技術史》，精選春秋戰國至清末的著名科學家七十七位，李淳風即名列其中，該書推崇李淳風乃初唐著名天文學家、數學家，在天文、氣象、星占、曆算、儀器、數學方面均有成就，對後世頗有影響。但細觀全文並無提及著作《推背圖》。〔註62〕

綜上所考，李淳風作《推背圖》一說，可信歷史材料中並無確實有力證據。

關於李淳風的諸多傳說，實存有太多後人的穿鑿附會，或許是因為舊、新《唐書》李淳風列傳，載有「淳風每占候吉凶，合若符契，當時術者疑其別有役使，不因學習所致，然竟不能測也」、「淳風於占候吉凶，若節契然，當世術家意有鬼神相之，非學習可致，終不能測也」等語。後世乃據此相傳，並誇大李淳風「占候吉凶」神力所致。

據《舊唐書‧經籍志》所載，李淳風之書只著錄五種，然而經過宋、元、

〔註60〕〔唐〕魏徵等撰：《隋書》（北京：中華書局，1973年），頁940～941。
〔註61〕國立中央圖書館編：《國立中央圖書館善本序跋集錄》（臺北：國立中央圖書館，1993年），頁2。
〔註62〕盧嘉錫總主編：《中國科學技術史》（北京：科學出版社，1998年），頁269～277。

明、清，竟逐步增加到二十餘種，距唐愈遠，著述傳世反而愈增，豈合常情？誠如紀昀在《四庫全書總目提要》中，對於《觀象玩占》一書提出對於李淳風著作傳世考證，從客觀角度分析，適可作爲今人思索考辨「相傳李淳風作《推背圖》」說法的眞實性，提供重要佐參觀點。

　　按清初紀昀等人奉旨編修四庫全書之際，康熙、雍正、乾隆三朝皆有查禁《推背圖》株連案例，紀昀等人自是知之甚詳，且有清一朝文人考證辨僞風氣之盛、成果之豐亦爲歷代罕見。《四庫全書總目揖要》總纂紀昀所言「夫古書日亡而日少，淳風之書獨愈遠而愈增，其爲術家依託，大槩可見矣。」不僅直言後人僞託李淳風著書蔚爲成風，更是意在言外，駁斥所謂「世傳李淳風作《推背圖》之謬」。其記：

　　《觀象玩占》五十卷。舊本題唐李淳風撰，凡日月、五緯、經星、雲漢、彗孛、客流、雜氣，以及山川、陸澤、城郭、宮室、營壘、戰陣皆著於占，而陰晴、風雨、雹露、霜霧咸附錄於焉……

　　考《舊唐書・經籍志》有淳風《乙巳占》卜卷、《皇極曆》一卷、《河西甲寅元曆》一卷、《緝古算術》四卷、《綴術》五卷。

　　《新唐書・藝文志》有淳風《注周髀》二卷、《注五經算術》二卷、《注張邱建算術三卷、《注海島算經》一卷、《注五曹孫子等算經》二十卷、《注甄鸞孫子算經》三卷、《天文占》一卷、《大象元文》一卷、《乾坤祕奧》七卷、《法象志》七卷、《太白通運逆兆通代記圖》一卷。

　　《宋史・藝文志》有淳風《太陽太陰賦》一卷、《日月氣象圖》五卷、《上象二十八宿纂要訣》一卷、《日行黃道圖》一卷、《九州格子圖》一卷。

　　陳振孫《書錄解題》有淳風《玉曆通政經》三卷。

　　尤袤《遂初堂書目》有淳風《運元方道》不載卷數。

　　錢曾《讀書敏求記》有淳風《天文占書類要》四卷、《乾坤變異錄》四卷。

　　夫古書日亡而日少，淳風之書獨愈遠而愈增，其爲術家依託，大槩可見矣。〔註63〕

〔註63〕紀昀：《四庫全書總目提要》（臺北：國立故宮博物院，1983 年），第 3 冊，頁382～383。

綜上，從李淳風相關記載以及專長背景，若以現代的專業分類而言，李淳風實應歸類爲天文氣象學家以及數學曆算學家，而非談讖說緯占卜吉凶之流；並且從其著作透露濃厚儒家思想觀之，更非後代相傳的道家之士，所謂「世傳李淳風作《推背圖》之說」，未足採信。易言之，《推背圖》作者應非李淳風，而係後人依託其人名之作，目的無非取信世人，南宋岳珂《桯史》乃沿此說，歷朝各代相傳迄今。

二、袁天綱生平及著作

袁天綱（605～？）隋唐方士，卒年不詳。尤工相術。益都成都（今四川成都）人。袁天綱（罡），唐書等相關記載，皆稱「天綱」惟後代流傳或有稱「天罡」。從《舊唐書》、《新唐書》袁天綱本傳及經籍、《藝文志》所載可見，都沒有提到他曾撰《推背圖》；但在民間流傳的說法，則是意指袁天綱爲《推背圖》作者，如南宋劉克莊《後村集》、《新編五代史平話》及元代趙道一《歷世眞仙體道通鑑》；或者傳云袁天綱與李淳風共撰《推背圖》。

據《四庫全書》永樂大典輯本・存目《九天玄女六壬課》，舊本題唐袁天綱撰。但袁天綱是否著錄《推背圖》，以清朝考證風氣之盛，卻未見詳考資料，殊爲可惜，此應與清廷視《推背圖》爲禁書大肆查禁有關。

由於至關鼇清眾說，故本章所引袁天綱資料，盡量呈現原文樣貌，不予刪節，俾供辨析。

《舊唐書》卷一百九十一・列傳第一百四十一・方伎：

> 袁天綱，益州成都人也。尤工相術。隋大業中，爲資官令。武德初，蜀道使詹俊赤牒授火井令。初，天綱以大業元年至洛陽。時杜淹、王珪、韋挺就之相。天綱謂淹曰：「公蘭臺成就，學堂寬博，必得親糾察之官，以文藻見知。」謂王曰：「公三亭成就，天地相臨，從今十年已外，必得五品要職。」謂韋曰：「公面似大獸之面，交友極誠，必得士友攜接，初爲武職。」復謂淹等「二十年外，終恐三賢同被責黜，暫去即還。」淹尋遷侍御史，武德中爲天策府兵曹、文學館學士。王珪爲太子中允。韋挺，隋末與隱太子友善，後太子引以爲率。至武德六年，俱配流巂州。淹等至益州，見天綱曰：「袁公洛邑之言，則信矣。未知今日之後何如？」天綱曰：「公等骨法，大勝往時，終當俱受榮貴。」至九年，被召入京，共造天綱。天綱謂杜公

曰：「即當得三品要職，年壽非天綱所知。王、韋二公，在後當得三品官，兼有年壽，然晚途皆不稱愜，韋公尤甚。」淹至京，拜御史大夫、檢校吏部尚書。王珪尋授侍中，出為同州刺史。韋挺歷御史大夫、太常卿，貶象州刺史。皆如天綱之言。

大業末，竇軌客遊德陽，嘗問天綱。天綱謂曰：「君額上伏犀貫玉枕，輔角又成、必於梁、益州大樹功業。」武德初，軌為益州行臺僕射，引天綱，深禮之。天綱又謂軌曰：「骨法成就，不異往時之言。然目氣赤脈貫瞳子，語則赤氣浮面。如為將軍，恐多殺人，願深自誡慎。」武德九年，軌坐事被徵，將赴京，謂天綱曰：「更得何官？」曰：「面上家人坐仍未見動，輔角右畔光澤，更有喜色，至京必承恩，還來此任。」其年果重授益州都督。

則天初在襁褓，天綱來至第中，謂其母曰：「唯夫人骨法，必生貴子。」乃召諸子，令天綱相之。見元慶、元爽曰：「此二子皆保家之主，官可至三品。」見韓國夫人曰：「此女亦大貴，然不利其夫。」乳母時抱則天，衣男子之服，天綱曰：「此郎君子神色爽徹，不可易知，試令行看。」於是步於床前，仍令舉目，天綱大驚曰：「此郎君子龍睛鳳頸，貴人之極也。」更轉側視之，又驚曰：「必若是女，實不可窺測，後當為天下之主矣！」

貞觀八年，太宗聞其名，召至九成宮。時中書舍人岑文本令視之。天綱曰：「舍人學堂成就，眉覆過目，文才振於海內，頭又生骨，猶未大成，若得三品，恐是損壽之徵。」文本官至中書令，尋卒。其年，侍御史張行成、馬周同問天綱，天綱曰：「馬侍御伏犀貫腦，兼有玉枕，又背如負物，當富貴不可言。近古已來，君臣道合，罕有如公者。公面色赤，命門色暗，耳後骨不起，耳無根，只恐非壽者。」周後位至中書令、兼吏部尚書，年四十八卒。謂行成曰：「公五嶽四瀆成就，下亭豐滿，得官雖晚，終居宰輔之地。」行成後至尚書右僕射。天綱相人所中，皆此類也。

申國公高士廉嘗謂曰：「君更作何官？」天綱曰：「自知相命，今年四月盡矣。」果至是月而卒。〔註64〕

〔註64〕　〔後晉〕劉昫等撰：《舊唐書》（北京：中華書局，1975 年），頁 5092～5094。

《新唐書》卷二〇四‧列傳第一百二十九‧方伎：

> 袁天綱，益州成都人。仕隋爲鹽官令。在洛陽，與杜淹、王珪、韋
> 挺遊，天綱謂淹曰：「公蘭臺、學堂全且博，將以文章顯。」謂珪
> 「法令成，天地相臨，不十年官五品」；謂挺「面如虎，當以武處
> 官」；「然三君久皆得譴，吾且見之」。淹以侍御史入天策爲學士，珪
> 太子中允，挺善隱太子，薦爲左衛率。武德中，俱以事流嶲州，見
> 天綱，曰：「公等終且貴。杜位三品，難與言壽，王、韋亦三品，後
> 於杜而壽過之，但晚節皆困。」見竇軌曰：「君伏犀貫玉枕，輔角完
> 起，十年且顯，立功其在梁、益間邪！」軌後爲益州行台僕射，天
> 綱復曰：「赤脈干瞳，方語而浮赤入大宅，公爲將必多殺，願自戒。」
> 軌果坐事見召。天綱曰：「公毋憂，右輔澤而動，不久必還。」果還
> 爲都督。
>
> 貞觀初，太宗召見曰：「古有君平，朕今得爾，何如？」對曰：「彼
> 不逢時，臣固勝之。」武后之幼，天綱見其母曰：「夫人法生貴子。」
> 乃見二子元慶、元爽，曰：「官三品，保家主也。」見韓國夫人，曰：
> 「此女貴而不利夫。」后最幼，姆抱以見，紿以男，天綱視其步與
> 目，驚曰：「龍瞳鳳頸，極貴驗也；若爲女，當作天子。」
>
> 帝在九成宮，令視岑文本，曰：「學堂瑩夷，眉過目，故文章振天下。
> 首生骨未成，自前而視，法三品。肉不稱骨，非壽兆也。」張行成、
> 馬周見，曰：「馬君伏犀貫腦，背若有負，貴驗也。近古君臣相遇未
> 有及公者。然面澤赤而耳無根，後骨不隆，壽不長也。張晚得官，
> 終位宰相。」其術精類如此。
>
> 高士廉曰：「君終作何官？」謝曰：「僕及夏四月，數旣盡。」如期
> 以火山令卒。〔註65〕

貞觀初，太宗召見袁天綱曰：「古有君平，朕今得爾，何如？」

天綱對曰：「彼不逢時，臣固勝之。」

據此條史料君臣對話，可知袁天綱確曾被唐太宗召見，但《新唐書》卻
未提及久居宮中李淳風是否曾與袁天綱互動。由是觀之，袁天綱及李淳風二
人關係似乎關聯不大。

〔註65〕 〔宋〕歐陽修等撰：《新唐書》（北京：中華書局，1975年），頁5800～5801。

復查《新唐書》「仕隨爲鹽官令」此言，按《舊書》卷一九一《袁天綱傳》及《冊府》卷八六〇均謂「隋大業中爲資官令」。

又查《新唐書》「以火山令卒」此言，按《舊唐書》卷一九一《袁天綱傳》、《冊府》卷八六〇、《太平廣記》卷第二百二十一，均謂「武德初授火井令」，《新唐書》所記「火山」疑是「火井」之訛。

綜上可知，袁天綱精於相術，在新舊《唐書》中皆列於方技入傳，並且用很大篇幅及例子總結證明袁天綱相術之精，「天綱相人所中，皆此類也。」、「其術精類如此」。袁天綱相術在民間享有大名，尤以武后年幼袁觀其相，神準預言日後必貴極，當爲天下之主，最爲後人傳頌。

袁天綱未如李淳風長年身居宮內要職，卒年難從史籍查考，一般看法多沿《舊唐書》「貞觀八年，太宗聞其名，召至九成宮。……申國公高士廉嘗謂曰：『君更作何官？』天綱曰：『自知相命，今年四月盡矣。』果至是月而卒。」卒年當在貞觀八年或之後。袁天綱生前各種神奇的預測無不準確，一一應驗，此在正史新、舊《唐書》列傳中都予以詳細記載；至於民間野史筆記小說中記載有關袁天綱的傳奇故事，更是多不勝數。

然而，細考正史新、舊《唐書》袁天綱、李淳風二人列傳，雖有記載二人短暫同朝爲官（貞觀八年），但二人官職位階、專長背景及地域性都顯不相關，實難過從甚密，或如野史所記，袁天綱爲李淳風之師。畢竟，李淳風久居宮庭要職，歷任承務郎、太常博士、太史丞、太史令等朝廷官職，袁天綱則僅爲地方火井令小官，只不過正史中二人各自分別「預言武則天當代天下」的事蹟，合理推論，可能因此讓後人常將袁、李二人相提並論，並且啓發僞託之士編造二人共作圖讖《推背圖》的故事，並且廣爲流傳。

雖則劉昫《舊唐書》雖未記載任何李淳風與袁天綱共集專著之說，但歐陽修《新唐書》卷五十九·志第四十九卻有出現「李淳風與袁天綱共集《太白會運逆兆通代記圖》」，或有後人乃據此稱「《太白會運逆兆通代記圖》即《推背圖》」。然細考此論，實過於牽強武斷，按《太白會運逆兆通代記圖》今已散失，其內容既無從得知，何能率爾遽予推論《太白會運逆兆通代記圖》疑即今傳《推背圖》，〔註66〕持此論者，恐失之一廂情願，推論基礎薄弱，不足採信。

當然，李淳風與袁天綱之所以被後人繪聲繪影相傳過從甚密，甚至也有

〔註66〕鍾肇鵬：《讖緯論略》（瀋陽：遼寧教育出版社，1991年），頁242。

相傳二人實爲師徒關係，其來有自，茲舉二例剖析。

一爲南宋吳曾撰《能改齋漫錄》卷十八〈袁天罡知牛產牝牡〉記載袁乃李淳風師父，其術更精於李。〔註67〕但此說止於野史筆記，且距唐已隔數百年，不足爲信。

一爲晚清俞樾《茶香室雜鈔》亦沿其說，其卷二十一載，袁天綱本蜀郡人，李淳風事以師禮。然而，晚清距唐千年，俞樾所記並無詳實出處，何能信之？

綜上觀之，民間確有流傳袁天綱乃李淳風師父之說，並且以傳說袁、李二人共作《推背圖》相沿。但事實上，從二人之專長背景、官職位階以及活動地域範圍，實難謂二人過從甚密，更無證據顯示李淳風與袁天綱共撰《推背圖》之事。

三、金聖嘆生平及著作

金聖嘆（1607～1661）吳縣人，本爲金采。明亡後，絕意仕途，改名人瑞，字聖嘆。錢謙益《天台泐法師靈異記》，記述天啓七年（1627）之事時，稱金聖嘆爲「金生采」，其時金聖嘆二十歲。王應奎說他「穎敏絕世，而用心虛明，魔來附之。……下筆益機辨瀾翻、常有神助。」

世人皆知金聖嘆評點《莊子》、《離騷》、《史記》、《杜詩》、《水滸傳》、《西廂記》，並稱之「六才子書」。雖則金聖嘆生平著作無多，賈禍殺頭之後傳世更少。但歷來研究金聖嘆專家、學者頗多，如周作人等，卻從未有人從學術角度對金聖嘆手批本《推背圖》置一詞，可見對此事眞僞皆持保留態度。

再者，經由查找日本中國古典小說研究會發行的研究專刊《中國古典小說研究》第6號所揭載的「金聖嘆研究論文目錄」。〔註68〕目錄中所收錄的文章頗豐，包括歷來截至2007年有關金聖嘆研究之學位論文、新聞報導及期刊、雜誌文章，然而，遍查各家論文著述，皆未提及金聖嘆與《推背圖》之關聯，此甚怪也。

然而，金聖嘆與《推背圖》之關聯，最早僅見於民國四年忽焉面世的金聖嘆手批本《推背圖》，即便有時人何海鳴撰文驚其神驗，亦難令人信服，更

〔註67〕《筆記小說大觀》二十九編，第4冊（臺北：新興書局，1979年），頁2484～2485。

〔註68〕井上浩一：〈金聖歎研究論文目錄〉，《中國古典小說研究》第6號（2001年）。

重要的是，並無任何資料，包括金聖嘆手稿或記載金聖嘆事蹟，可供佐證金聖嘆曾經手批《推背圖》。該書序文乍觀頗似金氏狂傲風格，然而細考字裡行間不符常理之處甚多，甚至與金氏傳世作品的自述相互矛盾，本文將一一列舉辨析。茲先將金聖嘆手批本《推背圖》序文臚列如下：

> 謂數可知乎，可知而不可知也。謂數不可知乎，不可知而可知也。可知者數，不可知者亦數。可知其所不可知者數，不可知其所可知者亦數也。吾嘗仰觀於天，日月星辰猶是也；俯察於地，山川草木猶是也。我所親見之天地，非猶是我所未親見之天地耶。然不得謂我所未親見之天地，即為我所親見之天地。天地自天地，而我異矣。我自我，而天地異矣。我生以前之天地可知也，可知者數也。我生以後之天地不可知也，不可知者亦數也。有生我以前之天地，然後有我生以後之天地，此可知其所不可知者數也。我生以後之天地，究不同於我生以前之天地，此不可知其所可知者亦數也。數之時義大矣哉。
>
> 唐臣袁天綱、李淳風著有《推背圖》，父老相傳，迄未寓目。壬戌之夏，得一抄本，展而讀之，其經過之事若合符節，其數耶，其數之可知者耶，其數之可知而不可知不可知而可知者耶。玩其詞，參其意，胡運不長，可立而待，毋以天之驕子自處也。
>
> 癸亥人日　金喟識

依史料記載，金聖嘆生於明朝萬曆三十六年（1608），清朝順治十八年（1661）因「抗糧哭廟案」被官府冤殺。

　　然而，該〈序〉說聖嘆得到《推背圖》是在「壬戌」年，也就是 1622 年；批註完《推背圖》再寫序是在「癸亥」年，也就是 1623 年。

　　乍讀金批〈序〉文洋洋灑灑，言之似乎成理，但詳考此〈序〉文，有疑之處甚多，諸如：

（一）癸亥之際金聖嘆年僅十五歲，何能批註《推背圖》？

　　若依金〈序〉所稱，係在「癸亥」年完成，據此推算聖嘆年僅十五歲即已完成批註《推背圖》，此節甚不合常理。再者，金聖嘆在《水滸傳》第十四回總批自言：「在十五歲以前，蒙無所識知」。〔註 69〕若此，十五歲的金聖嘆

〔註69〕　〔清〕金聖嘆：《金聖嘆全集》（第一冊）（臺北：長安出版社，1986 年），頁

又有何文史智識及人生經歷批註《推背圖》？金〈序〉所言，比對金氏在《水滸傳》第十四回總批自言，二者豈不自相矛盾？

（二）相傳金喟之名改於成年之後，癸亥之際金聖嘆何來署名金喟？

依據何滿子〈金聖嘆的生平、人生態度和文學觀〉所記，「金聖嘆自己的名字就變換過多少次，先名采，字若采；後來改名金人瑞；最後改名喟，字聖嘆。」〔註70〕倘金喟之說可信，十五歲的金采，何來已換名用金喟之名著書？況且，嚴格說來，最早提到「金喟」之名的《辛丑紀聞》與《清代七百名人傳》二書，均為清末民初之作，至于清中葉以前，特別是金氏親朋故友的著述中，並無「金喟」之說。因而，「金喟」之名，是否即為何滿子所考乃金聖嘆別名，而非清末民初後人添加，不無可疑。

（三）壬戌之夏所得《推背圖》抄本，如何證明確屬古傳真本？

金聖嘆詩作〈念舍弟〉「記得同君八歲時，一雙童子好威儀。拈書弄筆三時懶，撲蝶尋蟲百事宜」，詩文中透露家境小康，稱不上大戶人家。倘若誠如金〈序〉所稱壬戌之夏得此抄本，惟金聖嘆時仍年幼，家境小康且未享大名，如何能印證其書確屬古傳《推背圖》真本？又何能於民國四年面世時「以矯坊刻之多訛」？

（四）《推背圖》之金批用語，部份時序與金〈序〉前後顛倒，互相矛盾。

若依金〈序〉所稱，係在癸亥年完成，也就是 1623 年。但清朝，清太宗皇太極於 1636 年（明崇禎九年）改國號為大清，1644 年（崇禎十七年），李自成陷北京，崇禎皇帝自縊，明朝亡。故金〈序〉完成之際，仍屬大明天下。但在第三十二象中，金批卻甚不合理的出現「崇禎自縊，明朝滅亡」，試問1623 年脫稿之批註如何能預知評斷 1644 年之史事？

其頌曰：「楊花落盡李花殘，五色旗分自北來；太息金陵王氣盡，一枝春色占長安。」

金聖嘆：「此象主李闖、張獻忠擾亂中原，崇禎投繯梅山，福王偏安，不久明祀遂亡。頌末句似指胡后，大有深意。」第三十三象亦然，1623 年十五

223。
〔註70〕孫中旺編：《金聖嘆研究資料匯編》（揚州：廣陵書社，2007 年），頁 95。

歲的金聖嘆何能預知二十年後「滿清入關，胡主中原」。

其頌曰：「天長白瀑來，胡人氣不衰；藩籬多撤去，稚子半可哀。」

金聖嘆：「此象乃滿清入關之徵。反客為主，殆亦氣數使然，非人力所能挽回歟？遼金而後，胡人兩主中原，瑣瑣漢族對之，得毋有愧。」

綜上，金〈序〉與金批文字時序之矛盾，倘皆出自金聖嘆之手，恐難自圓其說。

（五）金聖嘆偽稱得有古本，早有顯例，金批《推背圖》之事，何能採信。

金聖嘆竄改《水滸傳》，偽稱得自古本，並作偽序，且將百回本攔腰刪成七十回本，前人已多論考。《水滸傳》第五十八回金聖嘆批云：「俗本寫魯智深救史進一段，鄙惡至不可讀，每私怪耐庵，胡為亦猶是敗筆；及得古本，始服原文之妙如此。吾因嘆文章生於吾一日之心，而求傳於世人百年之手。夫一日之心，世人未必知，而百年之手，吾又不得奪。」〔註71〕由此觀之，金批《推背圖》之事，何能採信？

（六）金聖嘆並非激烈反清之士，金批《推背圖》充斥反清情緒與用語，未符其個性。

哭廟案金聖嘆臨行前言：「殺頭至痛也，籍沒至慘也，而聖嘆以無意得之，不亦異乎。」〔註72〕對於自己竟被殺頭，金聖嘆顯然是沒有心理準備的。倘金批《推背圖》為真，又何出此言？

另外其〈絕命詞〉「鼠肝蟲臂久蕭疏，只惜胸前幾本書。雖喜唐詩略分解，莊騷馬杜待何如？」金聖嘆臨死前也隻字未提曾經批註《推背圖》。

再者，從金聖嘆〈春感八首〉詩序自述「順治庚子八月，邵子蘭雪從都門歸口述皇上見某批才子書，諭詞臣『此是古文高手，莫以時文眼看他』等語。家兄長文具為某道，某感而淚下，因北向叩首敬賦。」〔註73〕可見對自己作品受到順治皇帝稱讚，是何等欣喜！

又從〈春感八首〉詩作中，字裡行間所透露出對清帝的敬仰觀之，實難令人置信充滿胡漢對立情緒的金批《推背圖》，會出自金聖嘆本人之手？豈不

〔註71〕〔清〕金聖嘆：《金聖嘆全集》（第二冊）（臺北：長安出版社，1986 年），頁 358。

〔註72〕《叢書集成續編》（上海：上海書店出版社，1994 年），頁 156。

〔註73〕〔清〕金聖嘆：《金聖嘆文集》（成都：巴蜀書社，1997 年），頁 80。

自相矛盾？

> 忽承帝裏來知己，傳道臣名達聖人。合殿近臣聞最切，九天溫語朗
> 如神。（其一）
>
> 歲晚鬢毛渾短盡，春朝志氣忽嶒嶸。何人窗下無佳作，幾個曾經御
> 筆評。（其二）
>
> 雲霞開曙趨龍闕，筆墨承恩近鳳幃。干祿舊曾聞聖訓，進身早已畏
> 天威。（其三）〔註74〕

反倒是民前四年革命黨人盧信《自由新報》創刊詞，與之金批自序全文比對，充滿革命情緒文字頗為神似，其記：

> 嗚呼！神州已矣，痛黃裔其長沉；奴隸甘乎，哀人心之盡死。昊天
> 不弔，二百年憔悴誰憐？虜運未終，四百兆憨嬉若夢。問漢家宮闕，
> 哭斷冬青；覩胡族衣冠，悲興胡黍……嗟乎！江山異色，撰述何心？
> 怕聞亡國之杜鵑，憐渠泣血……誰鳴警世之鐘，獨樹登壇之幟。先
> 乎言論，繼收實行。文字收功之日，還我山河；英雄應運之秋，蕩
> 平醜虜。〔註75〕

一般讀者不察，常受金聖嘆批點〈水滸傳序〉三所惑「吾既喜讀《水滸》，十二歲便得貫華堂所藏古本，吾日夜手鈔，謬自評釋，歷四五六七八月，而其事方竣。」認為金聖嘆才華洋溢，十二、三歲之際即已評釋完竣『水滸』，故而推論金聖嘆十五歲評釋《推背圖》，也不是不可能。但事實上，細考金批《水滸傳》，同序序末所署「皇帝崇禎十四年二月十五日」，當知以貫華堂古本刻印於世之金批《水滸傳》，其年金聖嘆實已三十四歲。故而金聖嘆既自言「十二、三歲之際即已評釋完竣『水滸』」，為何卻遲至二十年後才由貫華堂刻印於世？序文顯有自相矛盾，似有自我吹噓之嫌，何能憑信。

又據金批《水滸傳》第十四回，其眉批云：

> 阮氏之言曰：「人生一世，草生一秋。」嗟乎！意盡乎言矣。夫人生
> 世間，以七十年為大凡，亦可謂至暫也。乃此七十年也者，又夜居
> 其半，日僅居其半焉。抑又不寧惟是而已。在十五歲以前，蒙無所
> 識知，則猶擲之也。至於五十歲以後，耳目漸廢，腰髖不隨，則亦

〔註74〕同前註。
〔註75〕羅剛：《中華民國國父實錄》（第二冊）（臺北：羅剛先生三民主義獎學金基金
會，1988年），頁1109。

不如擲之也。中間僅僅三十五年，而風雨占之，疾病占之，憂慮占之，饑寒又占之，然則如阮氏所謂「論秤秤金銀，成套穿衣服，大碗喫酒，大塊喫肉」者，亦有幾日乎耶？而又況乎有終其身曾不得一日也者！故作者特於三阮名姓，深致嘆焉。曰「立地太歲」，曰「活閻羅」，中間則曰「短命二郎」。嗟乎。生死迅疾，人命無常，富貴難求，從吾所好，則不著書，其又何以爲活也。〔註76〕

金氏此言口吻歷盡滄桑，不似出自十二、三歲之語，反更像聖嘆中年之後，絕意仕途的心境，尤其是此段最後「嗟乎。生死迅疾，人命無常，富貴難求，從吾所好，則不著書其又何以爲活也。」完全反映出「崇禎十四年出書」的三十四歲金聖嘆心態，反不似狂傲吹噓「十二歲得貫華堂古本，歷四五六七八月批竣」的文字筆觸，有自我吹捧之意。此從第五才子書施耐庵《水滸傳》序三，可詳予檢驗金氏之言確否，其云：

吾年十歲，方入鄉塾，隨例讀《大學》、《中庸》、《論語》、《孟子》等書，意惛如也。每與同塾兒竊作是語，不知習此將何爲者，又窺見大人徹夜吟誦，其意樂甚，殊不知其何所得樂？又不知盡天下書，當有幾許？其中皆何所言，不雷同耶？如是之事，總未能明於心。明年十一歲，身體時時有小病。病作，輒得告假出塾。吾既不好弄，大人又禁不許弄，仍以書爲消息而已。吾最初得見者，是《妙法蓮華經》，次之，則見屈子《離騷》，次之，則見太史公《史記》，次之，則見俗本《水滸傳》。是皆十一歲病中之創獲也。《離騷》苦多生字，好之而不甚解，記其一句兩句，吟唱而已。《法華經》、《史記》解處爲多，然而膽未堅剛，終亦不能常讀。其無晨無夜不在懷抱者，吾於《水滸傳》，可謂無間然矣。……

吾既喜讀《水滸》，十二歲便得貫華堂所藏古本，吾日夜手鈔，謬自評釋，歷四五六七八月，而其事方竣，即今此本是已。……皇帝崇禎十四年二月十五日。〔註77〕

周作人1935年曾應林語堂之邀，於《人世間》雜誌爲文談金聖嘆，全文詳述金聖嘆生平及著作，但無隻字提到金聖嘆爲《推背圖》作註，僅據錢謙益《初學集》提及金聖嘆扶乩一事。周作人〈談金聖嘆〉記云：

〔註76〕同註69。
〔註77〕同註69，頁9～10。

世傳有鬼或狐附在聖嘆身上，曰慈月宮陳夫人，又曰泐大師，錢牧齋《初學集》卷四十三有〈天台泐法師靈異記〉，記其事云，以天啓丁卯五月降於金氏之乩，是也。釋戒顯著《現果隨錄》一卷，有康熙十年〈周櫟園序〉，其第十九則紀戴宜甫子星歸事，附記云：「昔金聖嘆館戴宜甫香熏齋，無葉大師泐附聖嘆降乩，余時往扣之，與宜甫友善。」這可以考見聖嘆少時玩那鬼畫符的時和地，也是很有興味的事，但不知爲何在他各才子書批評裏卻看不出一點痕迹。

〔註78〕

周作人所言，正可印證不管是金聖嘆本人或者是研究金聖嘆者，對於金聖嘆青年時期的扶乩行爲，皆甚少留下紀錄或著墨。

就常理而言，以周作人對金聖嘆的研究之深，且對《推背圖》亦有所知悉，曾經爲文〈讀《童謠大觀》〉直言批評《推背圖》之類書籍迷信愚人，〔註79〕但卻未對金聖嘆曾否爲《推背圖》作註，置喙一語，就如同其他專精研究金聖嘆的學人一般，對坊間盛傳的金聖嘆批註《推背圖》皆略而不提，主要應係無任何直接證據或同時代的文史資料旁證，有關金聖嘆與《推背圖》的任何關連。

至於金聖嘆青年時代曾從事扶乩降神活動之事，一般史料甚少著墨，此部份之論文亦非常罕見，遠不及金聖嘆之文學理論批評研究數量，但也難將扶乩之事與批註《推背圖》連結在一起。

據陸林〈金聖嘆早期扶乩降神活動考論〉研究：

金聖嘆自詡二十歲鬼神附體，開始降乩，時爲天啓七年（1627）五月。他以佛教天台宗祖師智顗（538～597）弟子化身名義，在吳中一帶扶乩降壇，廣行法事，至崇禎八年（1635）而達到鼎盛，時年二十八歲，先後降乩於退休鄉紳、遭貶官僚、殷實富戶等人家中。

所謂「泐庵」釋金氏所托稱的法師之號，或教稱爲「泐公」、「泐師」、「泐子」法號則爲智朗，虛構慈月宮、無葉堂，廣收已逝女子爲冥間弟子，共三十餘人。〔註80〕

〔註78〕 周作人著：《苦竹雜記》（石家莊：河北教育出版社，2001年），頁8～15。
〔註79〕 鐘叔河編：《知堂書話》（臺北：百川書局，1989年），頁47。
〔註80〕 趙生群、方向東主編：《古文獻研究集刊》（第一輯）（南京：鳳凰出版社，2007年），頁231。

據其考證，至少有四條金聖嘆降乩史料，包括降乩於葉紹袁家，降乩於錢謙益家，降乩於姚希孟家，降乩於戴汝義家。茲分述如下：

一、葉紹袁（1589～1648），明天啓進士。官工部主事。在其所編《午夢堂集》附錄一記載有金聖嘆降乩活動，此為最早見於文獻之記載。崇禎八年「四月八兒儴患驚風癲疾，內人遣榕往求泐公。」〔註81〕

二、錢謙益（1582～1664），明萬曆進士，官至禮部尚書。所著《初學集》中有〈天台泐法師靈異記〉，是揭示金聖嘆青年活動的重要文獻，其云：「天台泐法師者何？慈月宮陳夫人也。……以天啓丁卯五月，降于金氏之乩，今九年矣。……乩所憑者，金生采。」另《初學集》卷十〈仙壇倡和詩十首〉序中亦有紀錄與金聖嘆的往來：

　　慈月夫人，前身為智者大師高弟，降乩於吳門，示余曰：「明公前身，盧山慧遠也。從湛寂光中來，自忘之耳。」用《洪武韻》作長句見贈，期待鄭重。且屬余曰：「求懇筆作傳一首，以耀於世，亦道人習氣未除也。」余為作〈泐師靈異記〉，並和其詩十首。師示現因緣，全為台事，現鬼神身，護持正法，故當有天眼證明，非余之戲論也。〔註82〕

三、姚希孟（1579～1636），明萬曆進士，官至翰林檢討。其所著《鳳唫集》卷首有崇禎八年，「夏四月十有七日。天台泐座智朗降乩題於鳩止堂」的序言一篇。

四、戴汝義（1596～1652），為其子戴星歸問其功名于無葉泐大師，此事見於《現果隨錄》。《現果隨錄》作者釋戒顯，晚明諸生，入清隱于浮屠。他在〈戴星歸失口誦咒得免油鍋〉下按曰：「昔金聖嘆館戴宜甫香熏齋，無葉大師泐附聖嘆降乩，余時往扣之，與宜甫友善。見其子方成童，美秀而文，瞳如秋水。宜甫指謂余曰：『此子他日必官工部』，而孰知泐師竟藏隱語耶？」

〈戴星歸失口誦呪得免油鍋〉載云：

　　蘇州孝廉戴星歸，諱吳悅。父宜甫。從兄務公石房，皆名士也。悅生而雋慧，父質其功名於無葉泐大師。乩判曰：「此子以工部終身。」及長，某年登賢書員，性癡狂，行多蕩撿，大不利於鄉黨，吳中呼

〔註81〕 葉紹袁：《天寥年譜別記》，《午夢堂集》附錄一，頁895。
〔註82〕 〔清〕錢謙益：《牧齋初學集》（上海：上海古籍出版社，1985年），頁330。

爲戴癡。既而受害者眾。懼其惡款，控之工部。工部鞠勘得實，加

嚴刑，卒於獄。……工部終身者，乃斃於工部以終其身也。〔註83〕

由上四條史料可知，金聖嘆青年時期確有從事扶乩活動，此乃鮮爲人知的金聖嘆事蹟。但據現有資料證據，即便金氏青年時期曾經從事扶乩活動，仍不足推論金聖嘆確有批註《推背圖》，二者顯不存有任何關聯，更未有眞跡金聖嘆批註傳世，可供研究者佐參，今人訛傳「現今最常見的本子是明末清初大才子金聖嘆評點本，原書現仍保存於臺北故宮博物院。」〔註84〕實屬無稽之談，不僅故宮官方網站討論區已否認，經本研究細究故宮歷年藏書目錄出版品，亦無此書。

綜上可知，《推背圖》作者問題，實難依現有資料提出解答，但至少據本專書研究釐清，《推背圖》作者並非李淳風或袁天綱，亦與金聖嘆無關，而係後人藉名人之名並依歷史發展不斷增刪內容，細數金聖嘆批註《推背圖》共六十象，預言關於唐朝者僅八象（從第二象李氏王朝至第九象黃巢之亂），五代有五象（第十象至十四象）；北宋有六象（第十五至二十象），南宋有四象（第二十一象至二十四象），元朝有二象（第二十五至二十六象），明朝有六象（第二十七至三十二象），乃至清朝以及民國以後之事尚有二十餘象；易言之，六十象中唐朝預言僅佔其八。倘若該書眞係唐朝古本，爲何明清乃至民國之後圖讖預言，反比唐朝更多？就常理而言，倘若民國四年出現之金聖嘆批註《推背圖》，其《推背圖》版本爲世傳唐代眞本，細考其內容年序、時間比例，豈有唐人所作《推背圖》詩讖不對當朝或近世有較多推測，反而是距離唐朝有千年之遠的晚清及民初預言獨多，豈不怪哉！由此觀之，後人刪增《推背圖》痕跡，顯然可見。

雖然《推背圖》作者不詳，事實上也無從查明，但至少經本研究考辨，已有足夠證據及論述排除宋代以來傳說紛紜李淳風、袁天綱作《推背圖》的誤謬，更推翻了金聖嘆批註《推背圖》之僞。並且確認《推背圖》流傳過程中被後人不斷刪增改寫，亦即刪掉較不重要預言或者杳難明驗者，而添加部份已發生之史實圖讖，此從現存各版本內容不一觀之，《推背圖》歷經後人刪增痕跡顯然可見。雖然《推背圖》作者不可考，今存僞書版本也不一，但更

〔註83〕《續藏經》（臺北：中國佛教會影印卍續藏經委員會，1968年），第149冊，
　　　　頁251～252。

〔註84〕仲林：《方術》（重慶：重慶出版社，2006年），頁139～142。

值得重視的是，《推背圖》的流傳，歷經唐、宋、元、明、清，民國乃至當代，波折千年而不衰，歷代禁書中無出其右者，自有其產生時代背景、意義與流傳價值及影響，今日研究《推背圖》尤需還原至歷史的情境之中，特別是在民國四年（1915）五月面世之金聖嘆批註《推背圖》版本，正值日本逼迫中國簽訂「二十一條」喪權辱國條約之際，其背後實有濃厚的鼓吹反袁革命及抗日民族主義思想之時代意涵。

第三章 《推背圖》版本

  《推背圖》版本因唐、宋以來朝廷禁絕，民間只能私下流傳。各版善本書多由國家、大學圖書館或學術研究機構中典藏，如兩岸的國家圖書館、中研院傅斯年圖書館、香港中文大學圖書館、日本東京大學東洋文化研究所、荷蘭萊頓大學漢學研究院圖書館、柏克萊加州大學東亞圖書館等處。近年來，透過蘇富比等具規模古籍拍賣市場，亦時見私人收藏之《推背圖》身影，多為清代工筆彩繪之作，也有罕見之清代康、乾間刻本及海外日本版刻之作。由是可見，《推背圖》在民間文人雅士之間流傳甚廣，有其一定的學術研究價值，而難逕以荒誕迷信、怪力亂神術書視之。

  依據臺灣國家圖書館《中文古籍書目資料庫》顯示，共有收錄三十餘筆資料，分別藏於國家圖書館、美國國會圖書館、中研院傅斯年圖書館、東京大學東洋文化研究所、柏克萊加州大學東亞圖書館等地，版本眾多，有石印本、鉛印本、手寫彩繪本、抄繪本、抄本、石印本景印等。另外，依據德國、荷蘭、澳洲、日本等漢學家的研究指出，不同善本《推背圖》亦散見於美國哈佛大學燕京圖書館、荷蘭萊頓大學圖書館、澳洲大學圖書館、香港中文大學圖書館，以及由知名學者收藏。

  本章課題主要在於介紹與釐清《推背圖》不同版本，透過嚴謹研究方法及資料蒐集，提出《推背圖》版本之研究見解，並藉由現存不同版本《推背圖》的特質與差異介紹，從全面性、系統性、邏輯性角度，揭開千年流傳預言禁書的神秘面紗，所謂「見多識廣」自然不會「少見多怪」。

  首節先從現存《推背圖》版本作一系統介紹，從各地甚至各國版本收錄線索，探究釐清不同版本《推背圖》彼此差異甚或關聯。研究重點先由梳理

不同年代《推背圖》版本，並透過現代技術書影呈現及版本考據之說明，客觀呈現《推背圖》版本演變脈絡。

其次，第二節針對風行最廣金聖嘆批註《推背圖》版本做一介紹，由於此版本係坊間風行刊本，民國以來屢驗抗日勝利，國共紛擾等時事，故而信者頗眾，並譽為古傳真本。故而實有必要深入研究探討。

最後，再針對被譽為神驗天書《推背圖》，也就是民國四年出版的金聖嘆作註的《推背圖》版本，針對其來歷及真偽作一辨析，專節探究金聖嘆版本真偽，列舉論述原稿杳蹤、自序矛盾、用典晚出等十二關鍵處，透過大量文史資料佐證，考究論證金聖嘆版本究屬真本或係偽作，並提出個人研究見解。

第一節　現存版本

《推背圖》入子部術數類術理之屬，是中國預言中最著名的奇書之一，預言中國歷代興亡變亂之事，詩句模棱兩可，若明若暗，便於附會，自從南宋岳珂《桯史》「藝祖禁讖書」記載：「唐李淳風作《推背圖》。」後人多沿其說，相傳唐貞觀年間李淳風和袁天綱（罡）所著。〔註1〕

一般說法，書名《推背圖》是根據最後一卦頌曰「萬萬千千說不盡，不如推背去歸休」而名。相傳是由李淳風作圖推算，而袁天綱就依圖易卦，兩者互相呼應。也有學者別出心裁援引北宋陳師道《後山集》「推者稚也，避高宗諱，關而為推也」此言，推測《推背圖》原來應叫《稚背圖》。然此《稚背圖》推論頗值商榷，失之牽強，畢竟隋、唐以來，讖緯之書例禁甚嚴，民間傳抄《推背圖》「既無公開，何須避諱」，故《稚背圖》避諱推論，不甚合理。〔註2〕

《推背圖》相傳是唐朝李淳風和袁天綱所著，也因為年代久遠，加上又屬朝廷禁書之列，故版本眾多，傳本不一，現今可考者，依臺灣國家圖書館書目查詢系統，不同版本至少多達二十餘種。其中，以晚出的民國四年（1915）五月初版的《中國預言》所收錄金聖嘆手批版本【附圖三十】最為神驗，也最為通行，有60圖像，並經朱肖琴整理於民國三十六年（1947）七月再版收

〔註1〕南宋岳珂《桯史》「藝祖禁讖書」記載唐李淳風作《推背圖》。
〔註2〕參閱本專書第一章第四節〈前人研究成果〉。

錄於《中國預言八種》並有蔣維喬爲之題序。流傳至今，更有奇聞，網路謠傳金聖嘆手批本眞本現藏於臺北故宮博物院，以背書其眞，部份大陸學者不察，率爾據此發表論文甚至出書引用，諸如：何衛國〈金陵十二金釵冊子蠡測〉一文，提到「金批本原刊本現藏於臺北，惜無緣一見」；〔註3〕仲林《方術》專書言之鑿鑿敘及「現今最常見的本子是明末清初大才子金聖嘆評點本，原書現仍保存於臺北故宮博物院。」〔註4〕但經本研究查考此傳聞係屬空穴來風，不宜再陳陳相因誤導群眾，不僅臺北故宮出版之館藏善本舊籍目錄未收錄此書，〔註5〕其官方網站亦已公開否認此說。〔註6〕

　　《推背圖》各款善本書版本不一，且多收於國家、大學圖書館或學術研究機構中典藏，例如：兩岸的國家圖書館、中研院傅斯年圖書館、香港中文大學圖書館、日本東京大學東洋文化研究所、荷蘭萊頓大學漢學研究院圖書館、哈佛大學燕京圖書館、柏克萊加州大學東亞圖書館、美國國會圖書館等處，晚近經由國際拍賣管道，民間藏家所藏版木，也陸續面世。由此可見，《推背圖》有其一定的學術研究價值，本文試圖從考辨現存不同版本《推背圖》的途徑中，整理出《推背圖》研究應有的基礎與本質性認識。

　　茲將所整理蒐集之資訊臚列如下，以利區分了解：

　　依臺灣國家圖書館《中文古籍書目資料庫》所列，共有收錄三十三筆題名《推背圖》、三十七筆不限欄位《推背圖》圖書資料，分別藏於臺灣國家圖書館、中國國家圖書館、中研院傅斯年圖書館、東京大學東洋文化研究所、哈佛大學燕京圖書館、柏克萊加州大學東亞圖書館、美國國會圖書館等地，版本眾多，書名或稱《推背圖》、《推背圖說》、《推背圖說詳解》、《祕抄詳解推背圖眞本》、《原本推背圖說詳解》、《中國二千年前之預言》、《聖歎手批中國預言七種》等，版本有石印本、鉛印本、手寫彩繪本、抄繪本、抄本、石印本景印等。〔註7〕

〔註3〕何衛國：〈金陵十二金釵冊子蠡測〉，《紅樓夢學刊》第 5 輯（2007 年），頁118。

〔註4〕仲林：《方術》（重慶：重慶出版社，2006 年），頁 139～142。

〔註5〕國立故宮博物院：《國立故宮博物院善本舊籍總目》（臺北：國立故宮博物院，1983 年）。

〔註6〕詳參國立故宮博物院藝術史討論區 http://arthf.npm.gov.tw/art/dc/d_day.asp，上網日期：2010 年 12 月 1 日。

〔註7〕詳見臺灣國家圖書館《中文古籍書目資料庫》http://rarebook.ncl.edu.tw/rbook.cgi/frameset4.htm，上網日期：2012 年 11 月 19 日。

臺灣國家圖書館善本室典藏的《推背圖》則有清末潘氏滂喜齋鈔繪本 60 圖（有文有圖）【附圖四三】、清抄彩繪本 60 圖（有文有圖）【附圖四四】、手抄彩繪本 64 圖（有文有圖）【附圖四五】以及收錄於《萬年曆理數歌》（大唐歷代帝王圖記一卷、推背圖一卷）的抄本 60 圖（有文無圖）【附圖四六】，前三版本已有數位全文檢索，其中手抄彩繪本 64 圖原書館藏地爲美國國家圖書館，其餘原書皆館藏於臺灣國家圖書館館內。

潘氏滂喜齋鈔繪本 60 圖並非彩繪本，圖畫部分係黑墨白描，旁有圖說及詩讖；清抄彩繪本 60 圖加裱於紙上，構圖細緻，色彩鮮明，紅色及金色等爲主基調，圖在中間，上有圖說，下有詩讖；手抄彩繪本 64 圖，圖畫粗拙，圖上有圖說，旁有詩讖。另外，《萬年曆理數歌》內《推背圖》抄本 60 圖，上無圖，但有圖說在右，下有詩讖，應係年代久遠，圖畫退淡或裱裝脫落所致，有微縮膠卷可供閱覽。另查 2003 年 4 月《臺灣國家圖書館館刊》所刊，〈荷蘭萊頓大學漢學研究院圖書館所藏《推背圖》三種〉專文，作者吳榮子教授詳細介紹館藏這三種《推背圖》。茲摘引其要並補正如下：

一、高延珍藏本《推背圖讖》；65 圖。寫意彩繪手抄本。【附圖十一】

扉頁題：扉頁中間大字題「推背圖讖」，右上小字題「光緒丁丑年瓜月置」，按光緒丁丑年瓜月即 1877 年 7 月，左下小字題「繙譯官高延珍藏」及「繙譯官高延印」陽文朱方印、「高延珊行二」陰文朱方印。故而吳榮子教授稱之「高延珍藏本」。細考第 51 圖是八言詩，是較特殊之處，考諸其他版本，同屬萊頓大學所藏印尼「吳氏藏本」第 47 圖及美國國會圖書館第 55 圖所藏《推背圖》亦有此情況，惟文字不盡相同，三者應出自相同祖本。

此版本屬海外善本，彌足珍貴，惟考吳榮子教授大作所記各讖文字，脫誤不少，雖則《推背圖》各版本文字不一，但同一圖讖大致差異無多，可能或係出於原抄本即已錯誤，或係電腦擅打出錯所致。因一時無法親睹荷蘭萊頓大學館藏原本，尚難一一求眞校誤，故而本研究經參考各善本所記，列舉二圖在可能錯字或缺字之旁，用括號文字補正之，以利研究者引用，併此說明。〔註8〕

二、高羅佩藏本《舊鈔推背圖》；66 圖。工筆彩繪手抄本。【附圖十二】

〔註 8〕 例如，第 1 圖：自從盤古得希夷，虎戰（闘）龍爭百事悲。萬代興亡難盡計，且以武后定玄微。第 4 圖：鑾鈴擊鼓過潼關，此日君王帶劍山。木易若逢山下鬼，定於此處送君還（喪金環）。

全帙以棉紙繕寫，每半葉一圖，附七言詩一首，不記頁碼。圖以工筆彩色畫成，色彩鮮麗明艷。鈐印、收藏：「高羅佩藏」陽文朱方。故而吳榮子教授稱之「高羅佩藏本」，據吳教授指出英國牛津大學龍彼得教授（prof. piet van der Loon, 1920〜2002）於 1900 年代初，曾訪問萊頓大學，龍教授認爲「高羅佩藏本」可能是清乾隆、嘉慶年間抄繪本。

另，1993 年中國科學院韓琦博士來訪，韓博士觀察「高羅佩藏本」第 1 圖第四行有玄字缺筆，推測應是康熙以後抄本。

此版本文字據吳榮子教授論文所示，缺字不少，本研究經參考各善本所記，茲舉數例在缺字或可能錯字之旁，用括號文字補列之，以利研究者比對引用。〔註9〕

三、吳氏藏本《袁天罡推背圖》；61 圖。新加坡出版之印本。【附圖十三】

上詩下圖，不記頁碼。該書用洋紙印刷，依中國古書線裝裝釘。序言中提到在新加坡揮印，己卯應是 1879 年或 1939 年。吳氏藏書（Go Collection）原爲印尼華僑吳氏所藏，被荷蘭萊頓漢學院購得。〔註 10〕故而吳榮子教授稱之「吳氏藏本」。此藏本乃少見的刻印本，民國之前《推背圖》因列禁書，多屬民間傳抄，即便國內亦甚少刻印本流傳，吳氏海外刻本，實屬珍貴，亦可見當時海外流傳《推背圖》頗盛；此書書名《袁大罡推背圖》，作者乃袁天綱，作者之說似與《五代史平話》的同一系統，不同於岳珂《桯史》所傳作者爲李淳風。

「吳氏藏本」第 47 圖爲八言詩迴異其他七言詩形式，前文已提過，同屬萊頓大學所藏「高延珍藏本」第 51 圖及美國國會圖書館第 55 圖所藏《推背圖》亦有此特殊情況，惟文字不盡相同，三者應出自相同祖本。

「吳氏藏本」特別之處在於署名作者僅袁天罡，而未提李淳風，且屬海外刊印版本，除顯此吳氏藏本之稀有與珍貴，也可見證《推背圖》亦流傳海外遠及南洋，該版本並附「劉伯溫先生算定讖語未來之事」、「漢武卿侯諸葛孔明算定題」詩一首。此又似與清末革命黨人活動有關，與日本東京清末民初流傳《推背圖說》版本模式相近。

〔註 9〕 例如，第 27 圖：若逢女子上牛頭，有一猖狂在陸（睦）州。家是十千加一點，那時國亂此涵由。第 48 圖：此帝生身在異（冀）州，開口張弓在左邊。自然穆穆乾坤大，敢將火鏡照心懸。

〔註 10〕 吳榮子：〈荷蘭萊頓大學漢學研究院圖書館所藏《推背圖》三種〉，《國家圖書館館刊》92 年第 1 期（2003 年 4 月），頁 199、206、212。

　　再者，從其隱喻解讖至第二十六圖「明太祖朱元璋」即止，未再往下，蓋可推知該祖本應屬明清時期《推背圖》版本，亦即不早於明初之際。

　　本研究盡量保持吳榮子教授原文所記，不予更動各圖文字，惟顯有脫誤之處，經參考各善本所記，列舉二例在缺字或可能錯字之旁，用括號文字補列之，以利研究者比對引用，併此說明。〔註11〕

　　此外，德國慕尼黑大學鮑爾教授（Prof. Bauer, Wolfgang）曾經於1973年發表專著《*Das Bild in der Weissage-Literatur Chinas*》，提到他見過的七種《推背圖》手抄繪本及其他刊印本，但未包括萊頓大學圖書館所藏上述三種《推背圖》。鮑爾所見爲：

一、日本東京 Nakano Toru 教授藏本；原肅親王藏本。黃紙彩色繪圖本。【附圖一】

二、日本東京 Nakano Toru 教授藏本；白紙彩色繪圖本。【附圖二】

三、美國柏克萊加州大學藏本；【附圖三】

四、美國哈佛大學燕京圖書館藏本；【附圖四】

五、臺灣中央研究院歷史語言研究所傅斯年圖書館藏本；【附圖五】

六、日本學者石山福治藏本；【附圖六】

七、臺灣的國家圖書館收藏潘氏滂喜齋鈔繪本。【附圖七】

　　有關鮑爾教授（Prof. Bauer, Wolfgang）的學術背景，據張思齊教授〈德國道教學的歷史發展及其特點〉介紹，他是德國著名道教學家，具有世界影響力，1960年秋曾前往美國密西根大學客座教授一年。旅居美國期間，遍訪哈佛、柏克萊、耶魯、普林斯頓、哥倫比亞和西雅圖等大學，極大地拓展了他的學術視野，並曾發表有關《推背圖》論文，〈《推背圖》的歷史和一個中國的「諾查丹瑪斯」〉，載《遠東》1973年第20卷第1期。〔註12〕

　　晚近，臺灣歷史學者王見川所編《明清民間宗教經卷文獻續編》第十二冊，〔註13〕收錄其團隊所蒐集的《推背圖》版本共四款，計有手抄本及刊印

〔註11〕例如，第19圖：兩朝天子哭紛紛，總領群臣漢（渡）孟津。拱手自然難進退，欲去不去愁殺人。第32圖：二十鼠子矽（好）人倫，人無左手信無言（人）。更有澤縣秦叔寶，自然天使作中興。

〔註12〕張思齊：〈德國道教學的歷史發展及其特點〉，《西南民族大學學報》總第196期（2007年12月），頁95～96。

〔註13〕王見川等：《明清民間宗教經卷文獻續編》（臺北：新文豐出版公司，2006年），第12冊，頁285～304。

本各二款，皆屬民間傳本；其中二款刊印本內容相差無多，僅封面及少數圖文有異，應係原書紙張缺脫後人手繪補齊【附圖三五～附圖三六】。經比對發現其中版式及圖案與香港中央圖書館館藏善本《推背圖說》相似，蓋可推知當年此版本各處刊印頗多。另二款手繪本，圖式粗俗，書法亦拙，顯屬民間鄉野祕密宗教團體傳抄版本【附圖三七～附圖三八】。

　　王氏蒐集的版本，可供參考明清以來，民間祕密宗教團體盛行，並將《推背圖》歸之天書、寶卷之類的發展。2010 年，王見川續與宋軍等人主編《中國預言救劫書彙編》【附圖三九】收錄二十餘款不同版本《推背圖》，包括清抄本《推背圖》、東海野人序之抄本《推背圖》、石印《推背圖說》、民國石印《推背圖》、石印《原本無訛推背圖》、文明學社鉛印《推背圖》、鉛印《清宮舊藏推背圖說》、鉛印《精繪推背圖說》、《聖嘆手批中國預言》、蔣維喬題之印刷本《中國預言八種》、簡體字《推背圖》等，出書年代多集中在清朝及民國以來，清抄本分屬民間鄉野宗教團體傳抄版本，石印、鉛印或印刷本多附錄有〈燒餅歌〉、〈藏頭詩〉、〈山上碑文〉等，出版者雖有別，但內容大同小異，可見民國以來各地風行之盛。由是，《推背圖》在屢禁不絕流傳過程中，散播者各有不同居心及目的，除有屢遭歷朝各代政治圖謀者竄改外，也有民間文人雅士私傳欣賞，明、清之際又與祕密宗教信仰結合，故而呈現不同風貌及版本，筆墨有雅緻如潘氏滂喜齋鈔繪本，有古樸如李世瑜所見之中野江漢藏本，也有粗拙如王見川等蒐集的秘密宗教抄本等，不同樣貌的版本各自反映出其差異性與背後意涵。

　　香港方面，經查賈晉華主編《香港所藏古籍書目》，香港中文大學亦有館藏《歷代帝王治世應運圖說》一冊，又題《推背圖說》，乃日本明治四十二年（1909）東京秘書庫所藏舊鈔本，明治四十五年由東京博文堂影印（照相）出版。〔註14〕

　　是書據香港中文大學圖書館古籍資料庫所示，全名為《歷代帝王治世應運圖說一卷附帝師問答歌一卷》，袁天綱、李淳風撰，共分「六十象」，每「象」一圖一頌。扉頁題：「推背圖說附燒餅歌」。全書共掃描 103 圖像（頁），館外讀者透過電腦網路，可瀏覽 10 頁。〔註15〕書法雅緻，版本允為精品。【附圖

〔註14〕 賈晉華主編：《香港所藏古籍書目》（上海：上海古籍出版社，2003 年），頁184。
〔註15〕 詳見香港中文大學圖書館古籍資料庫 http://digital.lib.cuhk.edu.hk/chinese/

四一～附圖四二】惟圖像似有不全，經詢香港中文大學圖書館，書面告以該館檢查已完成之數位掃描 103 圖像（頁）並無至六十象。換言之，該書應分二冊，尚有另一冊待查。〔註 16〕此經本研究比對日本高知大學所藏，日本明治四十二年東京秘書庫所藏舊鈔本，明治四十五年由東京博文堂出版之《推背圖說不分卷坿帝師問答歌一卷》所示，確爲二冊無疑。〔註 17〕

此外，香港中央圖書館亦館藏善本書《推背圖說》【附圖十四】，封面題有：《推背圖說附燒餅歌》，李淳風、袁天綱、劉伯溫、虛童子先生合撰，上海天利書局印行，但未列載印行時間，考其附錄有廣九鐵路開築時於東莞發現之石碑，當在 1907 年由詹天佑擔任總工程師的華段鐵路開築之後。《推背圖說》共分「六十象」，每「象」一圖一頌。圖附文字說明，以卦分系，有讖、有詩（頌），且有未署名批註。六十象中，僅十五象有讖、有詩（頌），餘四十五象僅有詩（頌）。

大陸方面，北京大學圖書館館藏善本《推背圖》二種，列子部‧陰陽五行類。包括：

一、清抄本《推背圖》四卷。二冊。題唐袁天罡撰，李淳風註。

二、清抄本《推背圖》不分卷。四冊。題唐袁天罡撰，李淳風註。〔註 18〕

另，中國歷史博物館館藏《推背圖》，屬清抄本，題唐袁天罡、李淳風同撰，亦列入子部‧陰陽五行類。〔註 19〕

北京圖書館出版社《內蒙古自治區線裝古籍聯合目錄》將《推背圖》列入子部‧雜占之屬，共有五種不同版本：

一、聖嘆手批中國預言七種；鉛印本；一冊。

二、《推背圖》；抄本；一冊。

三、《推背圖說》；石印本；一冊。

---

rarebooks/chrb/servlet/list，上網日期：2009 年 1 月 10 日。

〔註 16〕本資料係據 2009 年 5 月香港中文大學霍主任回復內容及協助提供部分圖檔，本人特此說明及致謝。

〔註 17〕據日本所藏中文古籍數據庫，全國漢籍データベース所錄，高知大學所藏《推背圖》版本。

〔註 18〕北京大學圖書館：《北京大學圖書館藏古籍善本書目》（北京：北京大學出版社，1999 年），頁 260。

〔註 19〕中國歷史博物館圖書資料信息中心編：《中國歷史博物館藏普通古籍目錄》（北京：北京圖書館出版社，2002 年），頁 282。

四、《推背圖說》；日本明治四十五年（1912）東京博文書店石印本；
　　一冊。

五、《推背圖說詳解》；鉛印本；一冊。〔註20〕

　　另，據柏克萊加州大學與上海圖書館合作，柏克萊加州大學東亞圖書館編《柏克萊加州大學東亞圖書館中文古籍善本書志》所載，柏克萊藏本屬清彩繪本，此本描繪著色，堪稱精緻，圖凡六十七。〔註21〕

　　至於日本，也有《推背圖》流傳情事，自古日本與中國不僅因地理位置鄰近，頗受中華文化影響，近代更與中國糾葛不清。清末中國國力不振，國人赴日學習風潮益盛，反倒造就推翻滿清革命黨人群聚，海外根據地即以東京為首，《推背圖》亦在東京廣為流傳。除本專書緒論援引陳學霖教授研究指出革命黨人與《推背圖》關聯外，中野達教授亦指出其收錄由東京書局藏本印行之《推背圖說》，乃民國初年上海出版版本。〔註22〕另據日本所藏中文古籍數據庫所錄，共有十四筆資料記錄《推背圖》，藏於東京大學東洋文化研究所、京都大學人文科學研究所、愛知大學、高知大學、關西大學、國會圖書館等，考其書目內容，以清末印本及民初之金聖嘆手批中國預言合刊本為多，東京大學收藏版本最多。

　　細究日本東京大學東洋文化研究所，收藏有多種版本《推背圖》，〔註23〕箇中原因，似與反清革命黨人有關，其版本注記如下：

一、《推背圖說一卷》，唐袁天罡、李淳風同撰；清鈔本。

二、《推背圖說詳解一卷》，唐袁天罡、李淳風同撰；上海文明光復社石
　　印本。

三、《推背圖說詳解殘卷》，唐袁天罡、李淳風同撰；排印本。

四、《推背圖一卷》，唐袁天罡、李淳風同撰；聖嘆手批中國預言所收。
　　即，《聖嘆手批中國預言》清金人瑞輯併注；民國四年上海文明書局
　　用排印本景印。

〔註20〕何遠景主編：《內蒙古自治區線裝古籍聯合目錄》（北京：北京圖書館出版
　　　　社，2004年），頁878。
〔註21〕柏克萊加州大學東亞圖書館編：《柏克萊加州大學東亞圖書館中文古籍善本書
　　　　志》（上海：上海古籍出版社，2005年），頁161。
〔註22〕中野達編著：《中國預言書傳本集成》（東京：勉誠出版，2001年），頁448。
〔註23〕東京大學東洋文化研究所：《東京大學東洋文化研究所漢籍分類目錄》（東
　　　　京：汲古書院，1981年），頁516～517。

五、《祕抄詳解推背圖真本》，用道光十九年序石印本景印。

六、《劉伯溫燒餅歌一卷》，明劉基撰；坿石印《推背圖說詳解》。

七、《燒餅歌一卷》，明劉基撰；坿排印《推背圖說詳解》。

由於《推背圖說》此版本係清末民初之際，頗爲風行刊本，並且迥異於之前傳抄古本僅有圖讖形式，在此本版內容，不僅有圖讖內容，更在每象添加卦象易辭，增益其易理形貌，有別於明、清之際俚俗寶卷形式。更值得注意的是，晚出的金聖嘆批註《推背圖》與《推背圖說》二者之間，頗有關連，二者在各象中，皆加入卦象易辭以及批註，惟金聖嘆批註《推背圖》，內容含有更多清末民初之際預言圖讖，且編者自稱古傳真本，並經金聖嘆手批六十象圖讖預言。

從日本相關資料顯示，東京流傳的《推背圖》版本，蓋屬《推背圖說》之版本，亦即屬於晚清時期之版本，此版本的流傳與晚清時期中國留學生以及革命黨人多在東京活動有關。而弔詭的是，若說《推背圖》在唐、宋時期即已流傳，爲何當時與中國往來密切的京都，反未見流傳。此或可供吾人反思，金聖嘆批注《推背圖》流傳神話的真實性，究有多少？

至於個人收藏方面，據香港王亭之居士所示，其收藏六種版本爲：

一、彩繪明抄本，臺灣中央研究院藏。

二、明抄本（無圖），臺灣國家圖書館藏。

三、明鈔本，芝加哥大學藏。

四、清初潘氏八喜樓鈔本，臺灣國家圖書館藏。

五、清末石印本，芝加哥大學藏。

六、流行本（據稱八國聯軍之亂時，由清宮流出）。〔註24〕

而據王亭之考證，六種版本太過紛紜，而且王氏所藏的四種鈔本，以及清末石印本，都有一個特點，即是次序顛倒，且僅有一首讖詩及一圖，並不似流行本（金聖嘆批註），有「讖」，有「頌」。

另外，日本安居香山、中村璋八所輯《緯書輯成》經大陸學者編譯爲中文版，查該中文版《附錄編》中的《推背圖》有三種：

一爲甲種本。【附圖九】

一爲甲種另本。

〔註24〕王亭之：《方術紀異（下）》（香港：匯訊出版有限公司，1997年），頁256。

一爲乙種本。〔註25〕

甲種本：六十七圖象。乃研究民間祕密宗教著名的李世瑜先生發現於德國一本刊物上的版本，該書編者據李世瑜云，它極可能是目前我們看到的最接近原貌的一種《推背圖》版本。但據本研究所蒐集版本比對，李世瑜發現於德國一本刊物，事實上即是德國鮑爾教授（Prof. Bauer, Wolfgang）專著《Das Bild in der Weissage-Literatur Chinas》，查該書係 1973 年出版，要據此推測該六十七圖象版本是目前我們看到的最接近原貌的版本，恐怕李世瑜推論證據尚弱，難爲定論；況且近年來隨著古籍資訊流通及開放，數量眾多的不同版本相繼出現，李氏所見版本，即鮑爾教授翻印日本中野達收藏其父中野江漢所稱得自肅親王府祕藏版本。精確言之，可稱較早「古本」，但並非特別珍稀。特別是，該版本最後一象讖語「茫茫天數此中求，成敗興亡不自由。推背圖裡誠從看，天家氣運一時同」，直接點出「推背圖」三字，不只突兀，亦不見諸荷蘭萊頓大學、臺灣中央研究院、臺灣國家圖書館、美國國會圖書館、哈佛大學等處所藏其他「古本」。

甲種另本：六十圖象，每象皆有卦辭。據本研究所蒐集版本比對，即爲清末民初刊印的版本（《推背圖説》）。

乙種本：六十圖象。據本研究所蒐集版本比對，即爲現今坊間流行版本（金聖嘆批註《推背圖》）。

上揭三種版本內容多所不同，茲舉「方臘造反」圖讖析之，即可明辨：

甲種本：其第二十七圖，圖說是「一人坐舟中，一女人對坐，一人執旗，一人執刀。」其詩曰：「若逢女子上牛頭，有一猖狂上陳州。家是十千加一點，那時國亂此中由。」

甲種另本：第二十三象「丙戌，天澤履」，圖說爲「六人在舟中，四人執刀，一人執錘，一女子踞胡床而坐」。其詩曰：「若逢鼠尾牛頭後，有一猖狂在六州。字是十千加一點，尋思國亂此因由。」

乙種本：完全未見有關方臘圖讖，恐係已遭後人刪修所致，據本研究比對查考，此金聖嘆批註版本應係民國四年時人所作，蓋民國距南宋已遠，且方臘作亂對歷史影響非顯重大，致而刪此舊讖而增添新讖，以惑世人《推背圖》乃神驗預言天書。

〔註25〕安居香山、中村璋八輯：《緯書輯成》（石家莊：河北人民出版社，1994 年），頁 1413〜1604。

　　從甲種本「陳州」及甲種另本「六州」，推知應爲後人傳抄之誤，蓋宋徽宗宣和二年（庚子），方臘在睦州造反，次年（辛丑）戰敗被俘。「睦州」二字誤爲「陳州」，或者「陸州」再誤爲「六州」。由此，亦可見版本傳抄過程脫誤及後人不斷刪修痕跡。

　　大陸學者林國平在〈靈籤淵源考〉一文中，也提到前述李世瑜先生發現的版本，並認爲是現存最早版本：

> 《推背圖》的版本很多，現存最早版本的《推背圖》爲著名的民間宗教學家李世瑜先生所藏，共六十七圖，每圖左側有簡要圖說，上方爲圖，下方爲七言四句詩一首。如第四圖的圖說：一架鐘，一人右手執火，左手牽犬。詩曰：「擬將社稷亂分離，怎奈天宮十八枝。懶得忠臣火邊犬，方得復位舊唐基。」〔註26〕

但是，林氏此言顯然不確，如前所述，經本研究比對李世瑜先生發現的版本，從版式及內容觀之，實乃出自 1973 年德國慕尼黑大學鮑爾教授（Prof. Bauer, Wolfgang）於德國發表專著《*Das Bild in der Weissage-Literatur Chinas*》一書收錄之版本，但此版本又係鮑爾教授取自日本中野江漢自稱收藏自肅親王府秘藏《推背圖》版本書影，然而中野江漢所藏《推背圖》是否出自肅親王府秘藏，口說無憑恐難盡信，更難驟予推測是現存最早版本。此外，文中認爲《天竺靈籤》是受《推背圖》影響，從其列舉特點很容易看出所指版本係金聖嘆批註《推背圖》，據稱圖文合一的籤譜，其實是模仿《推背圖》（金聖嘆批註版本）的痕跡，更有邏輯上的錯愕。其言：

> 在民間流傳較廣的《推背圖》形成的時間較遲，大概不會早於宋代，它是以六十甲子爲序，上方爲圖畫，下方爲讖詞或頌詞，圖畫的左側爲序號、六十甲子名稱、卦象。讖詞爲三言四句或四言四句，頌詞爲五言四句或七言四句。《推背圖》特別值得注意的是，在第五十九象的圖畫中還出現籤筒和竹籤的圖象。很可能是受到《推背圖》的啟發，至遲在南宋就出現了圖文合一的籤譜──《天竺靈籤》……我們只要將《推背圖》與《天竺靈籤》稍加比較，很容易看出圖文合一的籤譜模仿《推背圖》的痕跡。〔註27〕

然而以上立論，事實上是犯了很大的考證及邏輯上的錯誤，林氏在同文中既

〔註26〕林國平：〈靈籤淵源考〉，《東南學術》第 2 期（2006 年），頁 132。
〔註27〕同前註。

將圖讖之源推至先秦，「蓋圖讖之術，自戰國時已有之」，又怎能遽論同屬圖讖書之《推背圖》【附圖四七】及《天竺靈籤》【附圖四八】，二者必然存在有「先後」、「模仿」關係？

再者，據其所指「第五十九象的圖畫中還出現籤筒和竹籤的圖象」，顯然即指金聖嘆批註版本之《推背圖》，惟查《天竺靈籤》文字及人物圖式皆較金聖嘆批註版本古樸，孰先孰後，不言自明，更何況金聖嘆批註版本，據本專書研究，蓋屬民國四年偽作，晚出之作又如何能讓南宋時期的《天竺靈籤》模仿？

故而，林氏認為《天竺靈籤》是受金聖嘆批註《推背圖》影響，立論實有欠周。

綜上可知，《推背圖》年代流傳久遠，加上又屬朝廷禁書之列，故經民間私傳版本眾多，傳本不一，甚至明、清之際，民間秘密宗教盛行，屬於預言書之流的《推背圖》也被收錄為宗教寶卷，在祕密宗教主事者推波助瀾下，更加在民間四處流傳，遍及鄉野，至今所存，據本研究蒐集查考，不同版本至少多達數十餘種。甚且，更有傳說《推背圖》乃唐傳神驗圖讖，真本即為金聖嘆批註《推背圖》版本，且典藏在臺北故宮博物院，學術界不察之士信以為真，錯誤引用，此從學術研究務求其是立場，實宜釐清其謬，以正視聽。

至於現存《推背圖》版本究竟何者屬最早祖本，一時之間恐也難有定論，但可確定的是，坊間盛傳的金聖嘆批註《推背圖》版本，絕非最早祖本，充其量也僅能說是眾多《推背圖》版本中最流行的本子，這情況頗類似錢穆先生對《水滸傳》的研究，錢先生分析：

> 《水滸》之版本，此六十年來，已採訪到國外，日本和巴黎絡續發現獲有六種不同之本。但要尋究其最先祖本，是否即在此六種之內，抑尚在此六種之外，則亦仍多異議，但至少可得一定論的，則水滸一書絕非一人一手所成，不斷有增添、有刪改，直到《聖歎外書七十回本》出也，而成為此下三百年來《水滸傳》最流行本子。
> 〔註28〕

幸而，二十世紀末隨著中國大陸經濟、文化的開放腳步，古籍善本《推背圖》各式版本，近年來也隨之因緣際會出現在各大型國際拍賣場合。眾所周知，

〔註28〕錢穆：《中國文學論叢》（臺北：東大圖書館出版社，1991 年），頁 147。

在二十世紀中葉，中國大陸歷經文化大革命浩劫，古籍圖書遭逢嚴重破壞毀棄，《推背圖》也不例外。但由於《推背圖》在民間歷來流傳頗廣，故而仍有相當程度在民間遺存，從近年來仍有《推背圖》古籍不斷出現在拍賣市場【附圖十六～附圖二三】，而且版本少有雷同，讓我們得以蒐集更多民間蒐藏的版本，更進一步瞭解、比對眾多不同版本的《推背圖》，有助本專書研究從客觀角度瞭解《推背圖》流傳的歷史脈絡，揭開圖讖神秘面紗。〔註29〕

誠如宋平生為《中國拍賣古籍文獻目錄》作序所言：

> 1993 年 9 月 22 日，是值得中國廣大愛書者永遠銘記的日子。
>
> ……在北京勞動人民文化大殿裡。……由中國書店舉辦的北京首屆稀見圖書拍賣會揭開了中國大陸地區珍稀圖書拍賣熱潮的序幕。
>
> 翌年實力雄厚的中國嘉德國際拍賣有限公司也推出了古籍善本拍賣專場。其後北京地區的瀚海、鼎豐、中鴻信、盤龍、萬隆等拍賣公司都相繼開設了古舊圖書的拍賣業務。
>
> 而一向喜歡開風氣之先的上海也不甘落伍，朵雲軒與博古齋于 1997 年相繼加入了古舊圖書拍賣行列，與北京遙相呼應。
>
> 至此，中國的圖書拍賣市場進入空前繁榮的階段。至 2000 年秋，這些拍賣公司共舉辦了 45 場古舊珍本圖書拍賣會，拍品總計 8,500 餘種。〔註30〕

而《中國拍賣古籍文獻目錄》編者姜尋以及上海書店出版社，開風氣之先，於 2001 年集結出版中國嘉德國際拍賣有限公司等七家拍賣公司，自 1993 秋至 2000 秋歷次上市拍賣的所有古籍善本及各類文獻，同時也為學術研究者、收藏家以及社會各界提供文獻資料訊息及檢索資料，該書所列即有清末彩繪《推背圖》及日本明治四十五年（1912）博文堂書店出版《推背圖說附燒餅歌》等五種《推背圖》版本，其中嘉德公司 96 秋季第 1202 號拍品清末彩繪本《推背圖》，以人民幣 24,200 元成交為最高；中國書店 97 秋季第 155 號拍

〔註29〕 姜尋：《中國古籍文獻拍賣圖錄》（北京：北京圖書館出版社，2003 年），頁 94、191、409、812。姜尋：《中華古籍文獻拍賣圖錄年鑑 2003 年卷》（北京：中華書局，2004 年），頁 354。姜尋：《中華古籍文獻拍賣圖錄年鑑 2004 年卷》（北京：中華書局，2005 年），頁 310、391、684、662、1013、1130、1180。

〔註30〕 姜尋：《中華拍賣古籍文獻目錄》（上海：上海書店出版社，2001 年），頁 1。

品日本博文堂書店出版《推背圖說附燒餅歌》係爲東京秘書庫所藏舊鈔本影印，以人民幣 3,300 元成交。

之後，北京圖書館出版社、北京中華書局亦相繼與姜尋合作出版《中國古籍文獻拍賣圖錄》、《中華古籍文獻拍賣圖錄年鑑 2003 年卷》及《中華古籍文獻拍賣圖錄年鑑 2004 年卷》等書，適補充本研究蒐羅比較不同版本《推背圖》，對現存版本比較有極大助益。

《上海藝術家》雙月刊，1997 年第 4 期專文指出：

> 作爲史部類禁毀之書《推背圖》，存世無多，型式有線裝及經折裝，一般均爲彩繪本，清末每冊當在 5 千元之上，而清初則至少可翻 5 倍，如翰海 96 年春季推出的第 676 號拍品，清初彩繪本《推背圖》1 冊 36 開（圖錄底價在 2.5 萬至 3 萬元之間）。〔註31〕

據陝西省西安市《收藏界》月刊 2003 年 5 月號指出：

> 古版畫屢創天價時，藏界新銳嶄開鋒芒。2002 年 11 月 3 日嘉德秋拍剛剛落槌，第 1461 號拍品《說文部日》（清同治年刻本）……卻低值成交。第 1785 號拍品《推背圖》（清康乾間刻本）此書是清代禁品，多爲手繪本，而以版畫出之，疑爲僅見，價亦不高。
>
> 〔註32〕

又據陝西省西安市《大眾商務》雜誌 2006 年第 19 期專文報導：

> 相對於傳統古籍而言，歷朝歷代的禁毀之書，內容稀奇古怪的冷僻之書，由於種種原因十分罕見。從 1996 年起，嘉德公司陸續推出了一批禁書，進行拍賣甚受藏家歡迎，當時，清末的一冊《推背圖》以 2.2 萬元成交。〔註33〕

本研究除蒐集世界各國學術機關所藏善本《推背圖》，也盡力蒐集兩岸三地晚近陸續公開之民間收藏之舊版古籍《推背圖》，藉由蒐集、整理、比對眾多不同版本《推背圖》，俾本專書研究內容及價值，除站在前人研究基礎，更能從客觀、科學以及資訊公開角度，提出個人研究心得與見解。

〔註31〕肖谷：〈古籍善本（抄稿寫繪本部分）拍賣行情及其他〉，《上海藝術家》第 4 期（1997 年），頁 76。

〔註32〕秦杰：〈歷代版畫拍賣場風雲錄〉，《收藏界月刊》，5 月號（2003 年），頁 42。

〔註33〕熊熊：〈線裝書收藏，慧眼識真金〉，《大眾商務》第 19 期（2006 年），頁 27。

第二節 坊間流行金聖嘆批註版本

本節探討金聖嘆批註《推背圖》版本，屬清末民初通行版本中最爲晚出版本，收錄於民國四年（1915）五月初版《中國預言》，該書初版時間恰逢「五九國恥」，由文明書局、中華書局發行，進步書局印刷，分售處遍及中華書局北京、天津、成都、重慶、武昌、漢口、南京、杭州、溫州、福州、廣州、濟南、常春等地，編者爲清溪散人，撰者唐司天監袁天罡、李淳風，書名《中國預言》，該《推背圖》六十象中，每象之末皆有金聖嘆批註文字，惟爲排印而非手稿景印，由於此版本《推背圖》坊間咸認最爲神驗，且借金聖嘆之名以及曲折離奇的流傳故事，甚至其書預言有清一朝乃至民國時事的詩讖，一一應驗，益神其說，是現今坊間最通行版本。故而自面世迄今，信者頗眾，其中不乏各領域知名飽學之士。

然而，《推背圖》流傳至今，年代已久遠，歷經千年，再加上歷代朝廷皆視爲禁書，民間只能私下流傳，並且相傳宋太祖特意混雜次序，而且在傳抄過程中，後人亦多所刪增，因而流傳至今版本眾多，尤以民國出現的金聖嘆手批本《推背圖》在坊間最爲通行，該《推背圖》凡六十象，推演自唐初以迄的國運更迭，每一卦象都可分爲五部份，包括「讖」、「頌」、「圖」和「易卦卦象」及「聖嘆批註」，其第六十卦頌詩有「萬萬千千說不盡，不如推背去歸休」之句，呼應書名《推背圖》。其書採取卦辭的形式，預言世道吉凶和事變，有圖象六十幅，每一圖象以卦分系之，下系「讖語」四句、「頌曰」四句，金聖嘆批註文字一段。該《推背圖》第一象讖曰：「茫茫天地，不知所止，日月循環，周而復始。」頌曰：「自從盤古迄希夷，虎鬥龍爭事正奇。悟得循環眞諦在，試於唐後論元機。」金批：「此象主古今治亂相因，如日月往來，陰陽遞嬗，即孔子百世可知之意，紅者爲日，白者爲月，有日月而後晝夜成，有晝夜而後寒暑判，有寒暑而後歷數定，有歷數而後統系分，有統系而後興亡見矣。」點出世事循環，周而復始。而最末六十象讖曰：「一陰一陽，無始無終。終者自終，始者自始」，頌曰：「茫茫天數此中求，世道興衰不自由。萬萬千千說不盡，不如推背去歸休。」金批：「一人在前，一人在後，有往無來，無獨有偶，以此殿圖，其寓意至深遠。蓋無象之象，勝於有象，我亦以不解解之，著者有知當亦許可。」則以天數、世道推算終無窮盡作結。

　　細考金聖嘆手批本《推背圖》六十圖象，〔註34〕大抵可概分爲預言唐代有第二象至第九象，預言五代有第十象至第十四象，預言宋代有第十五象至第二十四象，預言元代有第二十五象至第二十六象，預言明朝有第二十七象至第三十二象，預言清朝有第三十三象至第三十六象，預言民國之後則爲第三十七象以後各象。考諸金聖嘆批註內容詳略不一，以第三十四象爲分界，〔註35〕三十四象之前各象，金批內容旁徵博引，援引史實甚至直指人名，三十四象之後各象，金批內容則又語焉不詳。似有意在言外之意，暗示金聖嘆得此書後，「證已往之事易，推未來之事難」，以增添其書之眞實性。

　　爲佐增金聖嘆手批本《推背圖》的眞實性，除上述之外，關於此書的流傳過程，也有一番曲折離奇的故事，不只有所謂明末清初才子金聖嘆爲其作註，更據該書所稱，西元 1860 年英法聯軍火燒圓明園時，由清宮大內流出，輾轉公諸於世。茲依金聖嘆手批本《推背圖》書中，所輯金喟作序、英人曼根氏手寫文字及中譯跋語、持有者李中簡語、編者清溪散人短文，相關的人、時、事、地、物流傳過程，整理摘述如下：

一、金聖嘆於「壬戌」年（1622）獲得《推背圖》抄本，並於隔年「癸亥」年（1623）隨即批註完成全書六十圖讖，且作序「唐臣袁天罡（綱）、李淳風著有《推背圖》」、「玩其詞，參其意，胡運不長，可立而待。」云云。

二、金聖嘆因哭廟案冤死後，其手批《推背圖》落入撫幕陳季一之手。

三、陳季　之後家道中落，金聖嘆手批《推背圖》爲山石鄭氏所得。

四、清乾隆時期下徵書之令，鄭氏上之，遂入大內。

五、英法聯軍於 1859 年攻入北京城，火燒圓明園，一英軍所劫掠大內珍藏本中有金批《推背圖》，之後攜回英國送給利比亞（Lypia）女士。

六、英人曼根氏（Macon）又從利比亞處獲得該書，請人翻譯後，得知乃中國預言書，並用英文手寫於書末，並註記時間爲 1867 年。

七、國人李信卿於倫敦經商，偶然驚知金聖嘆手批《推背圖》竟流落國外，乃以十二顆大珠與曼根氏之孫交換，取得此書。

〔註34〕詳參本專書之附錄。

〔註35〕第三十四象金批：「證已往之事易，推未來之事難，然既證已往，不得不推及將來。吾但願自此以後，吾所謂平治者皆幸而中，吾所謂不平治者幸而不中，而吾或可告無罪矣。此象疑遭水災或兵戎與天災共見，此一亂也。」

八、李信卿再將金聖嘆手批《推背圖》傳給其子李中，並囑刊行，以公諸世。

九、李中稱曾請友人求證大臣張文襄公，確認此書確為金聖嘆手批本。

十、民國時代，例無忌諱，李中乃承父命，託付清溪散人刊行此書，一以矯正坊刻之多訛，一以警勸國民於將來。

以上便是金聖嘆手批《推背圖》的曲折流傳過程，由於情節環環相扣、人物交代清楚，故而民國四年五月甫一出版，相當程度取信於時人；更由於其圖讖內容與當時流傳的《推背圖》版本內容有很大的不同，其中明末、有清、民初各象圖讖，更清楚直指人名及發生史實，〔註36〕於焉坊間造成轟動，風行刊印爭睹國運。特別是民國肇建，內憂外患，征戰不斷，民心浮動，適提供《推背圖》此類預言書在民間廣為散佈的時代氛圍。而金聖嘆手批《推背圖》一出，時人何海鳴（1884〜1944）即在民國五年出版《求幸福齋隨筆》，對於金聖嘆手批《推背圖》有詳細的記載，該《推背圖》內容與現今坊間流通本朱肖琴民國三十五年所編並於次年七月初版《中國預言八種》（金聖嘆批本《推背圖》）完全相同，應為目前所見最早且詳細介紹金聖嘆批本《推背圖》內容者，故而此文有其特別價值。其記：

> 偶閱七月十八日《時報》北京專電，袁世凱總統府之內史監致函內務部，請查禁坊間出版之《中國預言》。予亦嘗於報紙廣告中見有《中國預言》之廣告，大標其題曰《金聖嘆手批本》。
>
> 予頗喜閱金批之書，然予卻不信此種荒唐之說，故等閒視之，未一購閱。後見查禁之電，好奇之心生，遂亟購一冊閱之。看來看去，總看不出袁家天下的好處來，宜夫此老之勃然憤怒，毅然查禁也。
>
> 是書雖曰金批，然亦不過《推背圖》六十段並一金序而已，其序亦僅言《推背圖》，而呂望〈萬年歌〉、諸葛亮〈馬前課〉、李淳風〈藏頭詩〉、邵康節〈梅花詩〉、劉伯溫〈燒餅歌〉、黃蘗〈禪師詩〉等篇並無聖嘆隻字，書賈匯刻成編，統名曰「金批秘本」，亦欺人之道

〔註36〕諸如：第三十三象讖曰：「黃河水清，氣順則治。主客不分，地支無子。」意指清臨黃河，一統中原，清帝順治，名入其中。第三十四象頌曰：「太平又見血花飛，五色章成裹外衣。洪水滔天苗不秀，中原曾見夢全非。」將太平天國殺戮，洪秀全亂世，皆入詩讖。

也。金批《推背圖》，證其已往之事至三十三象而止，此象乃滿清入關之徵。若三十四象成何事實，聖嘆固無從臆測也，故其言曰：「證已往之事易，推未來之事難。然既證已往，似不得不推及將來，吾但願自此以後，吾所謂平治者幸而中，吾所謂不平治者幸而不中，而吾或可告無罪矣」云云。

予閱是書，首注意金批，故於三十三象以前有金批，證實已無舛誤者毫不注意，而於三十四象以後加以思索，求其與金批是否符合，覺金亦有談言微中之處，代爲補證數則列後。

三十四象讖曰：「頭有髮，衣怕白。太平時，王殺王。」……金批：「……妙極準極。」三十五象讖曰：「西方有人，足踏神京。……」金批曰：「此象疑有出狩事，此言中也。」……三十八象讖曰：「門外一鹿，群雄爭逐。劫及鳶魚，水深火熱。」金批曰：「此象兵禍起於門外，有延及門內之兆。」予曰：「此即指歐戰言也，《推背圖》至此遂具有世界眼光，可謂極妙。」〔註37〕

何海鳴《求幸福齋隨筆》之後，民國六年徐珂所編《清稗類鈔・方技類》亦收錄《推背圖》條，考其所記「讖」、「頌」內容，與何海鳴所述相同，皆爲金聖嘆批本。由二人之書獨鍾企聖嘆批本《推背圖》，可見，若非該版本已成爲當時坊間流通的眾多《推背圖》版本中，最具代表性者，而被收錄介紹，就是另有蹊蹺。《清稗類鈔・方技類》其云：

《推背圖》

唐司天監袁天綱、李淳風撰《推背圖》，凡六十象，以卦分繫之。

其論本朝者爲第三十三象爲丙申　☴ 巽下兑上　大過

讖曰：黃河水清　氣順則治　主客不分　地支無子

頌曰：天長白瀑來，胡人氣不衰

　　　　藩籬多撤去，稚子半可哀

此言世祖入關之徵，中有順治二字也。

又第三十四象爲丁酉　☴ 巽下巽上　巽

讖曰：頭有髮　衣怕白　太平時　王殺王

頌曰：太平又見血花飛，五色章成裏外衣

〔註37〕何海鳴：《求幸福齋隨筆》（上海：民權出版社，1916年），頁54～56。

洪水滔天苗不秀，中原曾見夢全非

此言咸同粵寇事，寇不薙髮，俗呼長毛，所立國號，曰太平天國，
其酋不稱皇帝而稱天王爲洪秀全，而其時又有苗沛霖之亂也。

又第三十五象爲戊戌 ䷐ 震下兌上　隨

讖曰：西方有人　足踏神京　帝出不還　三台扶傾

頌曰：黑雲黯黯自西來，帝子臨河築金臺

　　　南有兵戎北有火，中興曾見有奇才

此言光緒庚子，八國聯軍入京，德宗奉孝欽后西狩事也。

又第三十六象爲己亥 ䷈ 乾下巽上　小畜

讖曰：纖纖女子　赤手禦敵　不分禍福　燈光蔽日

頌曰：雙拳旋轉乾坤，海內無端不靖

　　　母子不分先後，西望長安入覲

此言孝欽后臨朝，德宗不得行其志也。

又第三十七象爲庚子 ䷩ 震下巽上　益

讖曰：漢水茫茫　不統繼統　南北不分　和衷與共

頌曰：水清終有竭，倒戈逢八月

　　　海內竟無王，半凶還半吉

此言宣統辛亥八月，武昌起事，國運告終，南北言和，帝遜位而共
和成立也。〔註38〕

民國三十五年朱肖琴所編並於次年七月初版《中國預言八種》中，亦收錄有
金聖嘆手批本《推背圖》，朱肖琴特別在第三十四象至第三十九象補充加註，
〔註39〕並請蔣維喬題序。由是後人多以此版本爲研究，並且深信不疑，多所
推演解釋，坊間之書汗牛充棟、不及備載，僅摘列兩岸三地等出版數例供

〔註38〕 徐珂編：《清稗類鈔》（第九冊）（臺北：臺灣商務印書館，1983年），頁3～4。

〔註39〕 三十四象肖琴曰：「此象主太平天國事。蓋蓄髮衣紅，建號後東王、北王等即
　　　　見殺，頌三、四句且嵌入洪秀全三字，圖讖均顯極」。三十五象肖琴曰：「此
　　　　象主英法聯軍逼北京火圓明園，事咸豐帝既出狩熱河，召曾國藩提兵入衛，而
　　　　太平天國軍事未了，兼籌並顧，末句尤驗。」三十九象肖琴曰：「此象主中日
　　　　戰爭事。鳥無足而立於山上，乃島字也。山有月，乃崩字也。旭日初升，乃明
　　　　指日本舉兵侵華，初則其勢甚銳，迨至十二月八日太平洋戰事發生，始如崔
　　　　入羅網，羅乃羅斯福是也，更至乙酉年甲申月正雞年金月之時，日皇竟下詔
　　　　降，此象事蹟乃在民二十至三十四年間，與金陵塔劉碑讖文相合，奇哉。」

參，包括林宜學編《中國預言之謎》（1972）、張英基、董文林《大預言——燒餅歌與推背圖釋疑》（1985）、鄭浪平《一九九五閏八月》（1994）、弘力《推背圖天機與剖析中國命運諸預言》（1995）、柏蓮子《中國讖謠文化——古代預言書》（1999）、莫天賜《推背圖：真正能預言的天書》（2001）及《推背圖》（2007）與《推背圖及著名中臺港澳預言大全》（2010）三書；尋龍居士《天地運看推背圖》（2003）、梁崇基《推背圖中新解》（2008）、霧滿攔江評譯《推背圖中的歷史》（2008）、陳曦、文正《警世預言：《推背圖》歸序全解》（2008）、鮑黎明 1999 年舊作《（現代版）推背圖之謎》再版更名《千古奇書推背圖》（2010）等。

　　現今流傳的金聖嘆手批本《推背圖》預言，具有驚人的準確度，許多人以為，金聖嘆手批本《推背圖》是自古流傳珍本，乃唐代李淳風與袁天綱合著真本，但也有為數頗眾者，認為係後人託名偽撰，依據已發生史事刪修圖讖內容，舊的被刪除，新的再增加，所以金聖嘆手批本《推背圖》預言才會如此準確。各家信疑之言，此在本專書研究第七章有詳細分析。至於金聖嘆手批本《推背圖》真偽之辨，本專書將於下節專文探討。

　　金聖嘆批註《推背圖》疑處甚多，此於下節將專文探討。茲舉第三十七象為例，其讖曰：「漢水茫茫，不統繼統。南北不分，和衷與共。」頌曰：「水清終有竭，倒戈逢八月。海內竟無王，半凶還半吉。」聖嘆曰：「此象雖有元首出現，而一時未易平治，亦一亂也。按金聖嘆所處「明末清初」年代，「元首」一辭恐未通行，且其圖畫「一野人手捧首級立大水之中」，一說似暗指黎元洪，野人可解為「黎」人，大水可解「洪」字。考金聖嘆批註《推背圖》版本乃出於民國四年五月初版《中國預言》一書，其時袁世凱屈服接受日本所提的「二十一條」喪權辱國條款，消息一出舉國譁然，或謂編者似有為副總統黎元洪製造輿論，希能取而代之不得民心的袁世凱。

　　回顧歷史過往，持平而言，金聖嘆批註《推背圖》在抗日期間對於軍民士氣的激勵，確有不可磨滅的貢獻。〔註40〕尤其此書第三十九象頌曰：「十二月中氣不和，南山有雀北山羅。一朝聽得金雞叫，大海沉沉日已過。」金聖嘆：「此象疑一外夷擾亂中原，必至酉年始得平也。」時人多解曰：「日本侵華終究失敗。」並經口耳相傳，相互打氣鼓舞，此在時人文章屢見不鮮，國人堅忍長期抗戰，終致獲得最後勝利。

〔註40〕詳參本專書第五章第三節〈民國以來流傳考〉。

第三節　金聖嘆批註版本眞僞辨析

　　本專書研究特別從眾多版本中，列舉金聖嘆批註《推背圖》版本辨析。主要緣由係金聖嘆版本爲民國以來最爲風行版本，該版本首見於民國四年五月初版《中國預言》一書，同書中尚有周呂望〈萬年歌〉、蜀漢諸葛亮〈馬前歌〉、唐李淳風〈藏頭詩〉、宋邵康節〈梅花詩〉、明劉伯溫〈燒餅歌〉、清黃檗〈禪師詩〉、並以金聖嘆批註《推背圖》最受世人矚目，且被一般人奉爲傳世眞本，除其讖語神驗，預言日本侵華戰敗、國共內戰毛勝蔣敗外，並且由於其面世過程故事性甚強，不僅有金聖嘆作序及批註，並藉言張文襄證實確爲金聖嘆手稿，乾隆徵書遂入大內，在八國聯軍之際，從清宮流落英軍之手，再輾轉至英國，經愛國商人李信卿以十二顆大珠取回，傳子李中並囑公諸於世，一以矯正坊刻之多訛，一以警勸國民於將來。

　　依該書所言，晚出之因，合情入理，信者頗眾。但細考可疑處甚多，茲舉十二處辨析：

一、金批原稿杳蹤

　　訛傳金批《推背圖》原稿現藏於臺北故宮博物院說法，實乃不確。不少學者專家誤引此說，陳陳相因、未予查考，如何衛國〈金陵十二金釵冊子蠡測〉「金批本原刊本現藏於臺北，惜無緣一見」、仲林《方術》「現今最常見的本子是明末清初大才子金聖嘆評點本，原書現仍保存於臺北故宮博物院」。惟查故宮博物院官方網站討論區已否認此說，且遍查其歷年出版品皆無館藏此書，並經向故宮書畫處主事者查證，對館藏此書之事亦無所悉，傳言應係空穴來風，以訛傳訛。

二、金喟自序矛盾

　　若依金〈序〉所稱，係在「癸亥」年完成，據此推算金聖嘆當年僅十五歲，卻已完成批註《推背圖》，甚不合常理，也與金聖嘆求學甚晚的史實不符。再者，癸亥之際，金聖嘆十五歲，本名「金采」，何來別名「金喟」？

　　金聖嘆幼年家境小康，[註41]《推背圖》眞本在其手中之說，令人難信，更何況其有僞稱得有古本《水滸傳》前科。更重要的是，金喟自序及金批充滿反清革命情緒，也非金聖嘆口吻。考諸金聖嘆生平，雖可稱狂妄恃才

〔註41〕金聖嘆生平，詳參本專書第二章第三節〈作者問題〉。

並且自視甚高，但卻稱不上是反抗朝廷的激進份子；況且，金聖嘆因哭廟案遇害，實則飛來橫禍，是「無意得之」，如魯迅所說是屬「冤枉」，但卻被後人扭曲誇大，視爲反清領袖。尤其，值得注意的是，有相當多民國時人認爲金聖嘆在政治上是強烈反清的，如狄葆賢稱讚「聖嘆乃一熱心憤世流血奇男子」。〔註42〕

三、舊語新辭混雜

金聖嘆批註《推背圖》版本「讖」、「頌」舊語新辭混雜，即便略而不論該版本圖像是否由後人繪製印行，以致各象人物服飾紊亂，但終究文辭用語有其穩定性及時代性，綜觀全書文字，舊語無端添加新辭，顯非同時代之作。諸如：第四七象，「匹夫有責」；第五六象，「飛者非鳥」、「潛者非魚」、「海疆萬里」，遍查電子全文版《四庫全書》、《中國基本古籍資料庫》，皆無清朝以前之出處，既然唐、宋、元、明四朝皆無，何能令人信服爲唐朝眞本傳世？例如：「匹夫有責」一辭，語出清・顧炎武《日知錄》卷十七・正始。查劉萬國、侯文富所編《中國成語辭海》，〔註43〕記云：顧炎武《日知錄》「保天下者，匹夫之賤，與有責焉耳矣。」章炳麟《革命之道德》「案顧所謂保國者，今當言保一姓；其云保天下者，今當言保國。余深有味其言，匹夫有責之說，今人以爲常談，不悟其所重者，乃在保持道德，而非政治經濟之云云。」

四、成語出處可疑

金聖嘆版本有相當多成語用典，但成語用典有一定的出處與年代，絕非憑空得來，倘金聖嘆版本確爲唐朝眞本傳世，出現在讖文中的成語，其出處就得確認出自唐朝，而非宋、明之後。諸如第四象，「極目蕭條」；第六象，「乾坤再造」、第十四象，「枯木逢春」、第二十一象，「南轅北轍」、第二十四象，「回天無力」、第四十四象，「否極泰來」、第四十七象，「匹夫有責」，用典出處皆罕見或難確認出自唐朝，可證初唐李淳風、袁天綱著錄之說，顯有大疑。「極目蕭條」一辭，最早出現當在唐詩人岑參〈山房即事〉詩句中「極目蕭條三兩家」。「南猿北轍」一辭，最早出現當在宋人文天祥《文山集》中出現過五次，如：卷十一「南猿北轍迹，驟隔於江湖」。宋人王柏《魯齊集》也出現三次，如：「南猿北轍彼月之缺兮」。宋人胡仲弓《葦航漫遊》則有「南猿

〔註42〕孫中旺編：《金聖嘆研究資料匯編》（揚州：廣陵書社，2007年），頁149。
〔註43〕劉萬國、侯文富編：《中國成語辭海》（臺北：建宏出版社，2005年），頁348。

北轍何時停」。「匹夫有責」一辭,更是遲至清代始見。出現在清人章太炎《太炎文錄》卷三,其曰:「余深有味其言匹夫有責之說」。清人葉昌熾《奇觚廎文集》卷四,其記「匹夫有責,願以死濟」,尚秉和《辛壬春秋》卷四十七,亦云「國家興亡,匹夫有責」。

五、版本內容差異

金聖嘆版本內容與各國內、外學術或研究機構收藏古本差異甚多,將之與荷蘭萊頓大學圖書館所藏三種《推背圖》比較,金聖嘆版本不僅圖式拙略,讖語更是出入頗大,雷同者未達三分之一,並且刪改甚多古本所記清末乃至民初圖讖,諸如:第三十四象,明指太平天國之亂;第三十七象,點出黎元洪的名字;第三十九象,時人預言日本侵華酉年終敗;第四十象,後人解讀毛澤東、周恩來竄起等等;此版本圖象人物衣著更出現近人打扮。即便是民國元年出版的《推背圖說》,也與金聖嘆版本差異甚大,況且宋人岳珂《桯史》所記《推背圖》「開口張弓」之讖,亦不復見。凡此種種,何來證明金聖嘆版本乃屬古傳眞正原本?更非金批本編者自詡「一以矯正坊刻之多訛,一以警勸國民於將來」就能一語帶過「眾本皆非此獨是」。

六、圖讖重今輕古

細查金批《推背圖》六十圖讖中,對於清末至民初史事著墨尤多,如太平天國(三十四象)、八國聯軍(三十五象)、慈禧光緒(三十六象)、民國肇建(三十七象)、兵禍四起(三十八象)、抗日必勝(第三十九象)、民國國運(第四十象),以及之後各象等等,較諸其他更早的《推背圖》版本,金批《推背圖》對於唐朝以來,各朝代的預言比例,顯有輕重懸殊。依常理,既云《推背圖》乃唐臣李淳風、袁天綱所作,豈有唐人所作圖讖,輕描本朝國事(第二象至第八象),卻反獨鍾距唐千餘年後之國事?

七、出版時代可疑

金聖嘆版本面世,首見於民國四年五月文明書局初版《中國預言》一書。不僅有金喟作序自言得有唐臣袁天罡、李淳風《推背圖》抄本,書跋英人曼根氏又指出係因英法聯軍火燒圓明園時,由清宮大內流出至英國;再由李中短文交代該書輾轉由其父李信卿,用大珠與英人交換攜回國內,並請曾向張文襄求證係金聖嘆手批本;清溪散人短文則透露民國時期始再公諸於世,一

以矯正坊刻之多訛，一以警勸國民於將來。然而，就上觀之，流傳脈絡曲折卻清楚、關鍵人物環環相扣，故事精彩卻反而啓人疑竇。而民國四年，正值日本逼迫袁世凱同意簽下「二十一條款」，史稱「五九國恥」，國人仇日情緒高漲，此刻圖讖內容抗日意識濃厚的金聖嘆批註《推背圖》也「無巧不成書」適時出版問世，究屬巧合或刻意安排，不言自明。

八、革命黨人有關

　　依陳學霖考證，民國元年面世的《推背圖說》版本，與日本東京反清的革命黨人，關聯密切。而民國四年面世的金聖嘆批註《推背圖》版本內容，更添加反日及清末史事，且有報人何海鳴大力宣傳其神驗，然何海鳴實爲激進革命黨人，反清、反袁立場鮮明，金聖嘆批註《推背圖》發行面世，與革命黨人相關，有其脈絡可循。革命黨人設立書局，隱迹商賈之間，密圖改革，以資聯絡海內外同志，所在多有。反袁革命時，谷鍾秀、歐陽振聲乃復設立上海泰東圖書局，即爲一例。〔註44〕其中清末民初胡寄塵（懷琛），胡樸安之弟，思想新穎，且有攘夷革命之志，鼓吹革命，不遺餘力。民國年間曾經出任上海文明書局編輯，「胡懷琛生平著述凡數十種，另編有……《推背圖考》」，〔註45〕惟本研究迄今尚未得見其書，憾無法進一步比對。

九、出書編輯不詳

　　民國四年五月出版金聖嘆批註《推背圖》的出版社──上海文明書局，乃光緒三十二年（1906）廉泉於在上海創立，至民國十年（1921），因股東分歧、同業競爭，文明書局併入中華書局。文明書局當時在上海頗具規模與知名度，也有深信金聖嘆批註《推背圖》者，亦據此推論文明書局當不致出版僞書營利；但考該書編輯清溪散人及原收藏者李中，皆屬匿名，眞實身分無從得知，也無該書刊印所本之原件，無法進一步查證金聖嘆批註《推背圖》筆跡眞僞，出書過程遮遮掩掩，啓人疑竇。尤其是，上海文明書局老闆廉泉及編輯等人與革命黨人關係密切，〔註46〕民國肇建國事多秋，日人強逼袁世

〔註44〕黃季陸主編：《革命文獻第四十七輯──討袁史料（二）》（臺北：中央文物供應社，1969 年），頁 44。

〔註45〕劉紹唐：〈民國人物小傳〉，《傳記文學》第 58 卷第 6 期（1991 年 6 月），頁 152。

〔註46〕廉泉，字惠卿，光緒二十年（1894）中舉人，任戶部主事、戶部郎中。交遊甚廣，結識了不少革命黨人，其中有孫中山、蘇曼殊、徐錫麟、吳祿貞、李

凱簽訂「二十一條款」消息曝光後，金聖嘆批註《推背圖》即出，主事者不無藉此鼓吹民族思想之嫌。

十、古代官職破綻

民國四年發行金聖嘆批註《推背圖》，即記明「唐司天監袁天綱、李淳風撰」，但查考唐代官制，司天監官職乃唐肅宗乾元元年（758）所置，〔註47〕此距李淳風生年（602～670）已相隔百年之後，將後代官職錯植前人之謬，合理推想自是後人編造所致。更何況袁天綱官職僅至地方火井令，正史記載以火井令卒，從未入朝爲官，金聖嘆批註《推背圖》既自稱爲宮藏眞本，其他皆屬訛本，然而，倘眞爲古本，袁天綱、李淳風二人官職當可如實記載，又焉爲有此「不合官職」之誤？

十一、圖像年代不符

金聖嘆批註《推背圖》圖象人物服飾，出現清人服飾且畫法非中國古代技法，而採西洋立體透視技法，圖象應係清人或民國時人繪製無疑，此節前人已提出頗多質疑，認爲倘若該書神驗詩讖乃李淳風、袁天綱所作，理當也能推算唐朝之後，各代甚至異族服飾之別。信者或稱，此乃刊者因時制宜，圖中人物服飾重新修改，繪畫技巧有西人技法，無非俾利時人解讀，然而，更重要的是，依此類推，圖象既已修飾非原古舊作，又何能辯證各象讖文皆一字未改？並確係唐臣李淳風、袁天綱《推背圖》抄本無疑？

十二、突兀結合易辭

遍閱清代抄本《推背圖》，雖版本不一，然皆只有圖讖，並無易辭卦象，惟清末民初之際，流傳之《推背圖說》或《推背圖》刊印本，則有加入易辭卦象，顯見有心者援引焦延壽《易林》，意圖提升《推背圖》地位，居心至爲明顯。依據近人李世瑜等人研究晚清秘密宗教寶卷中，時見《推背圖》名列其中，廣爲流傳，但依本研究整理《推背圖》寶卷圖式，與其他私藏手抄本相較，樣式顯得拙劣粗造，文化內涵不高，或許爲提高《推背圖》地位，改

煜瀛、秋瑾等人。光緒三十二年，在上海集股創辦文明書局。辛亥革命後，目睹軍閥混戰民不聊生，憂時憤世詩文常見諸報端。

〔註47〕夏徵農主編：《大辭海・中國古代史卷》（上海：上海辭書出版社，2005年），頁243。

造者乃加入焦延壽《易林》，以與祕密宗教手抄《推背圖》寶卷有別。

最後，於此援引《四庫全書總目》對舊本題唐呂從慶撰《豐溪存稿》，以及舊本題唐譚用之撰《譚藏用詩集》一卷及《集外詩》一卷的考辨，[註48]以供吾人借鏡參考金批《推背圖》真偽，本專書所列十二點疑處是否允宜。

眾所周知，《四庫全書總目》在辨偽學的成就以及方法，有其獨到研究之處，而《四庫全書總目》其辨偽的方法及主事者的切入角度，亦可供本研究參佐辨析《推背圖》之用。有關《豐溪存稿》的辨偽，《四庫全書總目》通過以下四方面的考辨，判定《豐溪存稿》為偽書的理由如下：

首先，從此書源流考析：

認為其書晚出，授受源流渺不可考，越宋、元、明三代不見此書，忽焉到了清代，傳出於世，「遠隔千里，忽被此目，唐人諸集，實未前聞」，就有可疑。

其次，從語言分析：

指出其詩句「何以慰時刻」、「華十引模糊」、「風雨困秋曦」都不似晚唐、五代語言。

再者，從稱謂上分析：

指出〈懷嚴子陵前輩〉之詩題「前輩」用語有問題。從李肇《國史補》稱進士互謂為「先輩」，無稱古人為前輩。杜甫詩「畫手看前輩，吳生遠擅場」、「前輩飛騰入，餘波綺麗為」，亦僅為詞藻，無稱人以某前輩之事。

最後，從用典上分析：

指出〈春雪往柵山〉之詩「敲詩驢背上」，用典出自賈島作詩「推敲」二字不定；鄭綮「詩思在灞橋風雪中驢背上」，此在唐末猶屬近事，呂從慶何來使用此典故？

另外，《四庫全書總目》也指出，舊本題唐譚用之撰《譚藏用詩集》一卷及《集外詩》一卷，其書自宋以來，越數百年，收藏者從未著錄，卻忽焉得之吳岫家，實屬可疑，並從以下幾點考辨，也可供考辨晚出之金聖嘆批註《推背圖》真偽參考，其法要舉如下：

[註48] 張傳峰：《四庫全書總目學術思想研究》（上海：學林出版社，2007 年），頁134～136。

（一）官名可疑

集中〈夢祝直詩〉中有「忽夢潯州祝經歷」之句，殊爲可疑，因唐、宋並無「經歷」官名，元代才設有此官職，置於宣政、樞密諸院，諸大都督等衙署。

（二）詩中人物可疑

〈吳眞人奉旨求賢詩〉，非但語言不似唐人，考《元史》有道士吳全節，所云奉旨求賢者情事，似當爲元人吳全節所作。

（三）史事可疑

集中〈贈胡守詩〉，鋪敘時事極詳，〈金舟山詩〉又有貞元紀年。貞元爲中唐德宗年號，距唐末尚遠。而《唐書》亦無廣閩作亂史事，惟《元史》載，成宗元貞元年及二年蠻寇竊發，似與閩廣凶豪之語相合，「貞元」年號恐爲元成宗「元貞」之訛。

（四）詩意可疑

〈送趙容詩〉，其詩意似指南宋之亡，若唐末五代時，錢氏據有臨安，勢方全盛，不致有「莫道天涯龍已化，但看雲際鶴還飛」的詩意和用語。

最後，本文再援引臺灣清華大學黃一農教授〈星占事應與僞造天象──以「熒惑守心」爲例〉文中，以現代天文知識分析了歷代文獻中整理出的二十三次「熒惑守心」紀錄，發現其中竟然有十七次均不曾發生；而在另一方面，自西漢以來，實際應發生的近四十次「熒惑守心」天象，卻多未見記載的現象，或可類比解讀《推背圖》神驗的背後原因。

> 此類天象（熒惑守心）在星占學中常被附會成「大人易政，主去其宮」的徵兆，故官方天文家或爲突顯以星占預卜吉凶的能力，很可能在事後僞造此類天象紀錄，以求與時事相應（多與皇帝崩殂事附會）。……
>
> 天文家往往參考天變發生之後的時事，而不斷地在占書中增添入較具體的內容。此一模式不僅擴展了星占的自由度，再配合部份假造的天象紀錄，使星占在後人心目中的可信度增強，此或爲星占所以能深入古代中國社會，且成爲歷代官方所重視的一個重要因

素。〔註49〕

黃一農教授以科學分析研究，讓史書星占的屢驗時事，提出了合理的解釋，
同時也點出了古代中國社會中崇信星占之說，箇中奧妙之處；也提供吾人研
究古籍史料的切入觀點及有力論述，讓一直以來被視爲屢驗時事的《推背
圖》，透過歷代不同版本分析比對，相當程度解釋了越是晚出《推背圖》（金
聖嘆批註版本，民國四年五月面世）越神驗的背後，實有後人依據已發生的
史實，不斷刪增原先圖讖內容，以符屢驗時事的欺世目的。

〔註49〕黃一農：〈星占事應與僞造天象——以「熒惑守心」爲例〉，《自然科學史研究》
　　　　第 10 卷第 2 期（1991 年），頁 131。

第四章 《推背圖》蘊生背景

　　有關「天命之說」、「巫祝祥異」、「讖緯術數」探討，前人論述頗多，
〔註1〕本章節僅略摘其要，不予贅述，主要透過歷史事例及典籍專著描述，窺
究《推背圖》之蘊生背景及原由所在。事實上，《推背圖》之所以廣為流傳，
有其複雜文化背景，故而對於《推背圖》的探討，不應僅止於文本分析的「微
觀」研究，更須放大到整個社會背景中，「宏觀」探究其深入古代中國社會的
原由，方能得出合理嚴謹的研究結論。在現代一般人的心目中，或許會覺得
古代封建社會極愚昧、極迷信，但是，《推背圖》之所以盛行千年不絕，事實
上有它極其複雜的政治和社會文化，否則它也不會在科學昌明、知識普及的
今日，仍有廣大群眾相信《推背圖》能逆知千百年後國事。

　　進而言之，《推背圖》之所以流傳久遠，其產生與發展自有其發展原因與
脈絡，究其因，主要乃在「巫祝祥異」、「天命迷信」、「讖緯術數」等被統治
階層視為「異端之語」的中國獨特的傳統文化背景使然，不僅民間深信相傳，
歷代君王對於上述「異端之語」，態度又極其矛盾，明則禁黜，暗又私崇者，
不計其數，知名者如：秦始皇、漢武帝、明太祖等。〔註2〕簡言之，若無此根
深柢固的獨特文化，《推背圖》自無養分流傳至今。

〔註1〕 詳參許地山：《扶乩迷信的研究》（臺北：臺灣商務印書館，1966年）；勞思光：
　　　　《新編中國哲學史》（臺北：三民書局，1984年）；錢穆：《中國思想史》（臺
　　　　北：臺灣學生書局，1988年）；中村璋八、安居香山：《緯書集成》（石家莊：
　　　　河北人民出版社，1994年）；宋會群：《中國術數文化史》（開封：河南大學出
　　　　版社，1999年）；王亭之：《方術紀異》（香港：匯訊出版公司，1997年）；郭
　　　　春梅、張慶傑：《世俗迷信與中國社會》（北京：宗教文化出版社，2001年）；
　　　　李零：《中國方術考》（北京：東方出版社，2001年）等。
〔註2〕 詳參本專書第五章〈《推背圖》流傳考〉各節。

　　本章之所以羅列相當多古代關於「天命之說」、「巫祝祥異」、「讖緯術數」的材料，並非著眼於迷信，而係希冀從這些原始素材中，印證出《推背圖》蘊生背景與發展，實則與此密不可分。由是，本章主要探討《推背圖》蘊生背景及思想，故而分以三節探討，層層鋪陳、環環扣合中國古代社會中有關「天命之說」、「巫祝祥異」、「讖緯數術」的記載，從古籍資料中爬梳《推背圖》之所以蘊生，乃至流傳千年不墜的原因。更重要的是，探討《推背圖》產生背景及思想，勢必不能以「今是昨非」的態度看待之，一定要回復當時的社會氛圍與情境，才不會失之偏頗。換言之，在中國古代自殷商以降，朝野史料斑斑可考，朝野皆然，普遍求卜筮、言祥異、信天命、迷讖緯、究術數，這樣源遠流長的社會氛圍，影響上至帝王將相，下至販夫走卒，同時也造就了《推背圖》預言書的廣為流傳。

　　自曹魏以來，歷代帝王都嚴禁讖緯，隋煬帝甚至發使四方，蒐集與讖緯神學有關的圖書而焚毀之。雖然歷代官方禁絕，讖緯之流卻由於民間私傳不絕而流傳至今，其中最著名者以《推背圖》為代表。《推背圖》在流傳過程中，不斷的被刪增內容，古本多已散佚，難窺其原貌。《四庫全書總目》之〈子部類書類〉小序稱：「古籍散亡，十不存一，遺文舊事，往往托以得存」，某種程度而言，也反映偽書的價值。例如：許多讖緯之書早在唐以前就失傳了，但宋人吳淑《事類賦》中，卻從其他書中多方鉤稽引用，如：《龍魚河圖》、《易通卦驗》、《尚書帝命驗》、《春秋演孔圖》、《孝經援神契》，可以幫助後人瞭解兩漢時期緯書的情況。〔註3〕更何況即便是托古偽書，近人張心澂認為，「偽書反映了那個時代的真實情況，有其相當價值，未必要全然捨棄，正確看待偽書的態度，是如何將其轉化為有用的資料。」〔註4〕顧頡剛亦指出，「荒謬如讖緯，我們只要善於使用，正是最寶貴的漢代宗教史料。」〔註5〕陳寅恪也提出類似看法，「蓋偽材料亦有時與真材料同一可貴。如某種偽材料，若逕認為其所依托之時代及作者之真產物，固不可也，但能考出其作偽時代及作者，即據以說明該時代及作者之思想，則變為一真材料矣。」〔註6〕而這些前人之見，誠乃足供吾人借鏡今日研究《推背圖》應有的基本態度與認知。

〔註3〕　〔宋〕吳淑：《事類賦注》（北京：中華書局，1989年），頁3～4。

〔註4〕　張心澂：《偽書通考》（臺北：宏業書局，1975年），頁8。

〔註5〕　顧頡剛：《古史辨》（上海：上海古籍出版社，1982年），第3冊，頁8。

〔註6〕　陳寅恪：〈馮友蘭中國哲學史上冊審查報告〉，載《陳寅恪史學論文選集》（上海：古籍出版社，1992年），頁508。

第一節 天命之說

　　遠至先秦時代，中國古代對天、地、鬼、神等超自然的力量，不論是王室或民間，普遍皆存莫名的恐懼與崇拜，即便是文字的產生過程中，亦不脫敬天畏鬼，從殷墟出土文獻的甲骨，可得驗證，前人亦多所研究，茲不贅述。在中國古代常用「天命」來表明新興政權的合法性，藉以說服群眾「易姓受命」、「王朝更替」乃是上天的旨意，如果統治者違逆天意，腐敗暴政，未來就會由有道明君來取代。因此，以「天意」作爲預言形式，有政治野心者，將自然現象與人類社會作一結合，而作政治附會之說；而尋常百姓也多信此天命之說，所謂「命中註定」、「命該如此」、「認命」、「宿命」等都在民間廣爲流傳。故而，雖說天命之說在今日現代的眼光中，並無科學根據，也無法實證，但天命迷信確確實實存在於古代社會，並且史不絕書，更經常出現在民間戲曲、小說、文人筆記之中。

　　先秦時期，商、周之所以能夠取得政權，皆以「天命」爲號召，以取得政權的合法來源及政權移轉的正當性，自此以後，中國人的思想中，根深蒂固存在著「天命所歸」：

　　　《尚書‧商書》記載商湯伐桀乃以「天命」爲號召，〈湯誓〉云：「有夏
　　　　多罪，天命殛之。」

　　　《詩‧商頌》曰：「天命玄鳥，降而生商。」以爲朝代興替，乃天命之所
　　　　歸也。

　　　《墨子‧非攻》：「赤鳥銜珪，降周之歧社，曰天命文王，伐殷有國。」

　　周武王出兵伐紂亦自承「天命」，其誓告之辭〈泰誓〉云：「皇天震怒，命我文考，肅將天威，大勳未集。……商罪貫盈，天命誅之。商罪貫盈，天命誅之。」《書經‧盤庚上》：「先王有服，恪謹天命……天其永我命于茲新邑。紹復先王之大業。」

　　孔子雖也承認「天命」，但卻不流於世俗迷信，所提「死生有命，富貴在天」，是對現實生活際遇所展現的豁達態度，所提「知天命」是對現實理想有所堅持與專注。孟子亦繼承此一思想，並提出「立命」說，強調要辨性命、要順命、要立命。易言之，儒家在面對命運的態度，有其積極性與豁達：

　　　《論語‧憲問》：「道之將行也與？命也；道之將廢也與？命也；公伯寮
　　　　其如命何！」

《論語・堯曰》：「不知命，無以爲君子。」

《孟子・萬章》：「莫之爲而爲者，天也；莫之致而至者，命也。」

《孟子・盡心》：「莫非命也，順受其正。是故知命者，不立乎巖牆之下。盡其道而死者，正命也；桎梏死者，非正命也。」

《中庸》：「天命之謂性，率性之謂道，修道之謂教。」

《荀子》：「從天而頌之，孰與制天命而用之。」

到了漢代仍沿襲先秦思想，司馬遷《史記・天官書》載：「漢之興，五星聚於東井……余觀史記，考行事，百年之中，五星無出而不反逆行，反逆行，嘗盛大而變色。」《史記・封禪書》：「自古受命帝王，曷嘗不封禪？」《史記・秦楚之際月表》：「豈非天哉，豈非天哉！非大聖孰能當此受命而帝者乎？」《史記・曆書》載：「王者易姓受命，必愼始初，改正朔，易服色，推本天元，順承厥意。」至董仲舒，又發展出「天人感應」之說。「天人感應」之說，把大自然現象與人類社會活動互相結合，如天狗吞日、紅雲獻瑞、蝗蟲過境等，藉由自然現象的吉凶，來預示其福禍。這也意味著天命論，告訴統治者及人民，上天旨意如此，若不順從，上天將會降禍，這就是所謂的「上天降象」、「天命之說」的概念，稱「惟天子受命於天，天下受命於天子」。

「天命之說」事實上也提供了政治野心者強化其圖謀的正當性。隋文帝楊堅利用宮廷政變奪取了皇位，並且爲了證明自己的合法性，篡位前也是到處徵集「天命之說」，道士張賓投其所好，誑言天文異象已出現了皇位禪代的徵兆，因而受到楊堅的寵信。

唐高祖李淵及其從眾顯然也是箇中高手，在其創業過程中充分運用「天命之說」，爲其奪取天下製造輿論，以取得政治宣傳，茲略舉數則如下：

《舊唐書》卷三十七，志第十七載：

隋末有謠云：「桃李子，洪水繞楊山。」煬帝疑李氏有受命之符，故誅李金才。後李密據洛口倉，以應其讖。〔註7〕

《唐會要》卷五十載：

武德三年五月，晉州人吉善行於羊角山，見一老叟，乘白馬朱鬣，儀容甚偉，曰：「謂吾語唐天子，吾汝祖也，今年平賊後，子孫享國千歲。」高祖異之，乃立廟於其地。〔註8〕

〔註7〕　〔後晉〕劉撰昫等撰：《舊唐書》（北京：中華書局，1975年），頁1375。

〔註8〕　〔宋〕王溥撰：《唐會要》（上海：上海古籍出版社，2006年），頁1013。

在歷代正史中，爲強化帝王統治，不乏天命所歸之記載，也契合古代封建統治氛圍，只不過從今日科學角度視之，恐多出於史官杜撰或者因循相沿，但無可否認，即便嚴謹如司馬遷作《史記》也不乏神話迷信，更不用說其他史書對統治者的神話了，也由於正史對「天命之說」的推波助瀾，助長了民間《推背圖》之類的流傳，人人皆相信「命皆前定」也就是所謂「眞命天子」之說。

除上述「唐公當受天命」之外，另舉《宋史》、《明史》記載開國之君事蹟，如下：

《宋史》本紀第一‧太祖，載：

> 世宗在道，閱四方文書，得韋囊，中有木三尺餘，題云「點檢作天子」，異之。時張德爲點檢，世宗不豫，還京師，拜太祖檢校太傅、殿前都點檢，以代張德。……受禪之初，頗好微行，或諫其輕出。曰：「帝王之興，自有天命，周世宗見諸將方面大耳者皆殺之，我終日侍側，不能害也。」既而微行愈數，有諫，輒語之曰：「有天命者任自爲之，不汝禁也。」〔註9〕

《明史》本紀第一‧太祖，載：

> 十二年春二月，定遠人郭子興與其黨孫德崖等起兵濠州。元將徹裡不花憚不敢攻，而日俘良民以邀賞。太祖時年二十四，謀避兵，卜於神，去留皆不吉。乃曰：「得毋當舉大事乎？」卜之吉，大喜，遂以閏三月甲戌朔入濠見子興。子興奇其狀貌，留爲親兵。……
>
> 十五年夏五月，太祖謀渡江，無舟。會巢湖帥廖永安、俞通海以水軍千艘來附，太祖大喜，往撫其眾。而元中丞蠻子海牙扼銅城閘、馬場河諸隘，巢湖舟師不得出。忽大雨，太祖喜曰：「天助我也！」遂乘水漲，從小港縱舟還。〔註10〕

宋、明開國君王趙匡胤、朱元璋的本紀二例記載，皆不脫天命所歸，強調帝王之興，自有天命。這樣的思想，影響中國政治深遠，讓人相信改朝換代乃天命安排。在歷代史書中，即便是外族的《遼史》、《金史》、《元史》、《清史稿》也不例外，史官有樣學樣，強調各朝太祖之出，皆有祥異，自有天命。

〔註 9〕 〔元〕脫脫等撰：《宋史》（北京：中華書局，1977 年），頁3。
〔註10〕 〔清〕張廷玉等撰：《明史》（北京：中華書局，1974 年），頁2～4。

《遼史》卷一本紀第一・太祖上載：

> 太祖大聖大明神烈天皇帝，姓耶律氏，諱億，字阿保機，小字啜里只，契丹迭刺部霞瀨益石烈鄉耶律彌里人。德祖皇帝長子，母曰宣簡皇后蕭氏。唐咸通十三年生。初，母夢日墮懷中，有娠。及生，室有神光異香，體如三歲兒，即能匍匐。〔註11〕

《金史》本紀第二・太祖載：

> 太祖應乾興運昭德定功仁明莊孝大聖武元皇帝，諱旻，本諱阿骨打，世祖第二子也。母曰翼簡皇后拏懶氏。遼道宗時有五色雲氣屢出東方，大若二千斛囷倉之狀，司天孔致和竊謂人曰：「其下當生異人，建非常之事。天以象告，非人力所能爲也。」咸雍四年戊申，七月一日，太祖生。〔註12〕

《元史》本紀第一・太祖，載：

> 太祖法天啟運聖武皇帝，諱鐵木眞，姓奇渥溫氏，蒙古部人。太祖其十世祖孛端義兒，母曰阿蘭果火，嫁脫奔咩哩犍，生二子，長曰博寒葛答黑，次曰博合睹撒裡直。既而夫亡，阿蘭寡居，夜寢帳中，夢白光自天窗中入，化爲金色神人，來趨臥榻。阿蘭驚覺，遂有娠，產一子，即孛端義兒也。〔註13〕

《清史稿》本紀第一・太祖，載：

> 太祖承天廣運聖德神功肇紀立極仁孝睿武端毅欽安弘文定業高皇帝，姓愛新覺羅氏，諱努爾哈齊。其先蓋金遺部。始祖布庫里雍順，母曰佛庫倫，相傳感硃果而孕。〔註14〕

正史已見如此，民間著書更是多不勝數，在清人陸心源校刊《分門古今類事》序中，有這麼一段文字：

> 夫興衰運也，窮達時也，生死命也……命有定數不可以智求……古今類事二十卷，凡前定興衰窮達、貴賤貧富、死生壽夭，與夫一動一靜、一語一默、一飲一啄，分已定於前、而形於夢、兆於卜、見於相、見應于讖，驗者莫不錄之，仍以其類分爲十門。〔註15〕

〔註11〕〔元〕脫脫等撰：《遼史》（北京：中華書局，1974年），頁1。
〔註12〕〔元〕脫脫等撰：《金史》（北京：中華書局，1975年），頁19。
〔註13〕〔明〕宋濂等撰：《元史》（北京：中華書局，1976年），頁1。
〔註14〕〔清〕趙爾巽等撰：《清史稿》（北京：中華書局，1977年），頁1。
〔註15〕嚴一萍選輯：《新編分門古今類事》（臺北：藝文印書館，1970年），頁1～2。

從以上數例，即可知天命之說盛傳於世，上焉者有其天命神話，下焉者亦逐星命之流，人之死生、得失、貴賤，悉能前知，如是交織中國社會迷信思想，少數異類如：劉知幾、范縝、朱思本之見，反不容於當道。

錢穆《中國思想通俗講話》對「天命」之說，也有精闢闡述：

> 中國社會迷信愛講命……人性本由天命來，由儒家演化出陰陽家，
> 他們便種下了中國幾千年來社會種種迷信的根苗，這一派的思想，
> 流傳在中國全社會極深入、極普遍、極活躍、極得勢。〔註16〕

錢穆先生指出，由儒家演化出陰陽家，在先秦時期即已種下中國幾千年來迷信的根苗，錢穆並且剴切地指出，天命迷信在中國社會流傳極深入、普遍並且活躍、得勢。錢穆所言不虛，就一般大眾而言，我們隨手拈來的民間用辭「成事在天」、「命中註定」、「命運安排」等等，皆可見天命之說在民智未開的年代，影響中國傳統社會之深。

晚近，默雷摘編〈「附佛法外道」與民間秘密宗教〉一文，對於中國大陸開放改革後的民間現象，有一生動描述：

> 改革開放以來，上洋迷信借民俗、科學、文化之名得以冒頭。皇曆、
> 《推背圖》、《骨相學》等競相出版；算命、面相、星相、解夢等打
> 著科學研究的旗幟，甚至與電腦結合在一起；早就流變爲民間習俗
> 的原始信仰，借搞活經濟之名重獲提倡。〔註17〕

當代學術研究者郭春梅、張慶傑則從現代理性角度頗析天命的說法，用意在於爲統治者宣傳天命和君權神授：

> 世俗迷信家還宣揚改朝換代乃天命安排，如明、清流傳在民間的，
> 相傳爲姜太公的〈乾坤萬年歌〉、蜀漢諸葛亮的〈馬前課〉、唐代司
> 天監袁天罡、李淳風撰的《推背圖》、〈藏頭詩〉、宋代邵康節的〈梅
> 花詩〉、明代劉基的〈燒餅歌〉等，皆是宣揚歷朝歷代都早已由上天
> 安排好了，……這顯然是僞託前人之名，用意在於爲統治者宣傳天
> 命和君權神授。〔註18〕

〔註16〕 錢穆：《中國思想通俗講話》（臺北：素書樓文教基金會出版，2001 年），頁 87。

〔註17〕 默雷摘編：〈「附佛法外道」與民間秘密宗教〉，《法音》第 12 期（1996 年），頁 34。

〔註18〕 郭春梅、張慶傑：《世俗迷信與中國社會》（北京：宗教文化出版社，2001 年），頁 353。

第二節　巫祝祥異

　　古代稱事鬼神者爲巫，祭主贊詞者爲祝，後人之謂「巫祝」，指掌占卜祭祀者。中國文字創立之初，有其神秘及威權性，甲骨卜筮相關文獻記載頗多，某種程度而言，掌握文字者，同時也掌握了權力。

　　　　《周禮・春官》：「司巫掌群巫之政令。若國大旱，則帥巫而舞雩；國有大災，則帥巫而造巫恒。」

　　　　《周禮・太祝》：「大祝掌六祝之辭，以事鬼神，示祈福澤，求永貞。」

　　　　《禮記・禮運》：「王前巫而後史。」

　　　　《禮記・檀弓下》：「君臨臣喪，以巫祝桃茢執戈，惡之也。」

　　　　《說文》曰：「巫，祝也，女能事無形，以舞降神者也。……祝，祭主贊詞者，從人口，從示。一曰從兌省。《易》曰：兌爲口，爲巫。」

　　迨至秦、漢之際，雖然史官與巫祝逐步分離，二者聯繫仍然存在。太史公司馬遷有大量星占以驗人事的思想反映，此在《史記》，可爲佐證。〈報任少卿書〉自言：「文史星曆，近乎卜祝之間。」當可總結其思想，並反映當時的社會文化現象。

　　「巫」在商、周時期已很流行，其最早由自然崇拜，圖騰崇拜，祖先崇拜，逐漸發展在特定歷史條件下由神事進而成爲史官，卜官和禮官，隨之擴大爲占卜，預言，並爲王室服務。由此化分爲官巫和民巫兩種。官巫司掌宮庭與祭祀，預卜國運和戰爭，民巫則爲民間祈禳，求福，驅邪免災，醫治病患等。

　　中國古代社會中，巫祝祥異影響頗深，即便儒家亦不例外，惟儒家對此有其別於世俗看法，對於巫祝祥異乃至於對於命運的態度，有其積極性的意涵。

　　　　《易》：「天垂象，見吉凶，聖人像之；河出圖，雒出書，聖人則之。」

　　　　《尚書・伊訓》：「惟上帝不常，作善降之百祥，作不善降之百殃。」

　　　　《論語・子罕》：「鳳鳥不至，河不出圖，吾已矣夫！」

　　　　《論語・子路》：「不占而已矣！」

　　　　《荀子》：「善爲易者不占。」

　　　　《禮記・禮器》：「祭祀不祈。」

　　　　《呂氏春秋・名類》：「商箴云，天降災布祥，並有其職。」

《呂氏春秋・制樂》：「成湯之時，有穀生於庭，昏而生，比旦而大拱，其史請卜其故。湯退卜者曰：『吾聞祥者福之先者也，見祥而爲不善則福不至；妖者禍之先者也，見妖而爲善則禍不至。』」

宋人洪邁《容齋隨筆》中提到古人對卜筮的看法：「古人重卜筮，其究至通神，龜爲卜，蓍爲筮，故曰『假爾泰龜有常，假爾泰筮有常』，『定天下之吉凶，成天下之亹亹』，『所以使民信時日，敬鬼神，畏法令。』」〔註19〕

歷代正史《帝王本紀》、《列傳》、《天官書》、《符瑞志》、《地方志》中更不乏將祥異納入體例考列記載。

《金史・天文志序》：「孔子因魯史作《春秋》，於日、星、風、雨、霜、雹、雷、霆，皆書變而不書常，所以明天道、驗人事也。」〔註20〕

《十國春秋》卷五十六：「顧夐，前蜀通正時以小官給事內庭，禿鶖鳥翔集摩訶池上，夐作詩刺之，禍幾不測。詩云：『昔日曾看瑞應圖，萬般祥異不如無。摩訶池上分明見，仔細看來是那鵃。』」〔註21〕

《易經》原爲占卜之書，秦火倖存後，漢代《易》學以占卜爲主，以「象數」解《易》，或以「陰陽災異」說《易》，終致成爲術數《易》學，對後世影響很大。即便時至近代，亦不乏影響時人，眾所皆知，蔣介石，號中正，乃出自易經。按蔣介石原名志清，赴日本求學時，始改名，蓋取其「介于石，不終日，貞吉」、「九五，飛龍在天，利見大人」、「利見大人，尚中正也」、「剛中正，履帝位而不疚」。

卜筮之術，祥異之說，也被政治者廣爲運用，作爲取得政權正當性的工具，史不乏書，相較於讖緯之說，歷朝歷代的君王多未禁止，即便禁止讖緯甚屬的隋煬帝也未禁絕祥瑞，舉其大者略述如下：

《隋書》帝紀第一・高祖上，載：

高祖文皇帝，姓楊氏，諱堅，弘農郡華陰人也。……皇妣呂氏，以大統七年六月癸丑夜，生高祖於馮翊般若寺，紫氣充庭。有尼來自河東，謂皇妣曰：「此兒所從來甚異，不可於俗間處之。」尼將高祖舍於別館，躬自撫養。皇妣嘗抱高祖，忽見頭上角出，遍體鱗起。皇妣

〔註19〕　〔宋〕洪邁撰・孔凡禮點校：《容齋隨筆》（上卷）（北京：中華書局，2006年），頁310。
〔註20〕　〔元〕脫脫等撰：《金史》（北京：中華書局，1975年），頁419。
〔註21〕　〔清〕吳任臣：《十國春秋・卷五十六》，《文淵閣四庫全書》。

大駭，墜高祖於地。尼自外入見曰：「已驚我兒，致令晚得天下。」
為人龍顏，額上有五柱入頂，目光外射，有文在手曰「王」。〔註22〕

《舊唐書》本紀第二・太宗上，載：

> 太宗文武大聖大廣孝皇帝諱世民，高祖第二子也。母曰太穆順聖皇
> 后竇氏。隋開皇十八年十二月戊午，生於武功之別館。時有二龍戲
> 於館門之外，三日而去。高祖之臨岐州，太宗時年四歲。有書生自
> 言善相，謁高祖曰：「公貴人也，且有貴子。」見太宗，曰：「龍鳳
> 之姿，天日之表，年將二十，必能濟世安民矣。」高祖懼其言洩，
> 將殺之，忽失所在，因採「濟世安民」之義以為名焉。〔註23〕

《宋史》本紀第一・太祖一，載：

> 太祖，宣祖仲子也，母杜氏。後唐天成二年，生於洛陽夾馬營，赤
> 光繞室，異香經宿不散。體有金色，三日不變。既長，容貌雄偉，
> 器度豁如，識者知其非常人。……漢初，漫遊無所遇，舍襄陽僧寺。
> 有老僧善術數，顧曰：「吾厚贐汝，北往則有遇矣。」會周祖以樞密
> 使征李守貞，應募居帳下。〔註24〕

《宋史》本紀第四・太宗一，載：

> 太宗神功聖德文武皇帝諱炅，初名匡義，改賜光義，即位之二年改
> 今諱，宣祖第三子也，母曰昭憲皇后杜氏。初，後夢神人捧日以授，
> 已而有娠，遂生帝於浚儀官舍。是夜，赤光上騰如火，閭巷聞有異
> 香，時晉天福四年十月七日甲辰也。帝幼不群，與他兒戲，皆畏服。
> 及長，隆準龍顏，望之知為大人，儼如也。〔註25〕

《明史》本紀第一・太祖，載：

> 母陳氏，方娠，夢神授藥一丸，置掌中有光，吞之寤，口餘香氣。
> 及產，紅光滿室。自是，夜數有光起，鄰里望見，驚以為火，輒奔
> 救，至則無有。比長，姿貌雄傑，奇骨貫頂。志意廓然，人莫能
> 測。〔註26〕

以上帝王本紀中，帝王之出，皆以祥瑞異象書之，即便是以「次子繼位」的

〔註22〕 〔唐〕魏徵・令狐德棻撰：《隋書》（北京：中華書局，1973年），頁1。
〔註23〕 〔後晉〕劉昫等撰：《舊唐書》（北京：中華書局，1975年），頁21。
〔註24〕 〔元〕脫脫等撰：《宋史》（北京：中華書局，1977年），頁2。
〔註25〕 同前註，頁53。
〔註26〕 〔清〕張廷玉等撰：《明史》（北京：中華書局，1974年），頁1。

唐太宗李世民，或者「兄終弟及」的宋太宗趙光義，二者皆有圖謀篡位之實或者之嫌，也或許因爲「玄武門之變」事實、「斧聲燭影」傳言，更強化繼位者需藉由史家爲其編造取得政權的正當性。

帝王如此，世家也不遑多讓，爲應《推背圖》「開口張弓之讖」卻徒勞的錢鏐，顯貴前也有術者祥異之說。

《新五代史》卷六十七·吳越世家第七，載：

> 術者過起家，鏐適從外來，見起，反走，術者望見之，大驚曰：「此眞貴人也！」起笑曰：「此吾旁捨錢生爾。」術者召鏐至，熟視之，顧起曰：「君之貴者，因此人也。」乃慰鏐曰：「子骨法非常，願自愛。」〔註27〕

綜觀中國歷朝歷代對於巫祝祥異之說，可謂歷久不衰，史官描述多不勝數。

劉知幾《史通》對於祥異之說，有別於古代社會主流思想，有其獨到的看法，不僅分析了祥異盛行之因，同時也直言批判史官助長其謬，在其〈書事〉言及：

> 凡祥瑞之出，非關理亂，蓋主上所惑，臣下相欺，故德彌少而瑞彌多，政逾劣而祥逾盛。……而史官徵其謬說，錄彼邪言，眞僞莫分，是非無別，其煩一也。〔註28〕

北宋歐陽修私撰《新五代史》，在其〈司天考二〉也有一段對於祥異的描述：

> 人事者，天意也……未有人心悅於下，而天意怒於上者；未有人理逆於下，而天道順於上者。……嗚呼！聖人既沒而異端起。自秦漢以來，學者惑於災異矣。天文五行之說，不勝其繁也。〔註29〕

歐陽修認爲，講災異的學者並非聖人之徒，故而在《司天考》只記天象，不講人事的關連。雖然從今日的知識可以肯定歐陽修思想的進步與獨到見解，但從歐陽修的字裡行間「自秦漢以來，學者惑於災異矣。天文五行之說，不勝其繁也。」亦可知曉，當時古代社會的迷信氛圍是如何濃厚，即便是飽讀詩書的知識份子也大都惑於災異、五行之說，僅有少數能跳脫傳統思維。

由是，吾人可知，巫祝祥異對古代的影響，也適足提供另一個視角，讓人理解《推背圖》的流傳，自有一定的歷史氛圍與蘊生養分使然。

〔註27〕〔宋〕歐陽修撰：《新五代史》（北京：中華書局，1974年），頁835。
〔註28〕〔唐〕劉知幾：《史通削繁注》（臺北：廣文書局，1963年），頁94。
〔註29〕同註27，頁706。

第三節　讖緯術數

在中國的史料典籍中，預言化的讖緯之說、圖讖之學，早於先秦時期就有相關的記載，相當程度可以反應當時的社會及文化氛圍。諸如：

《周語》：「風聽臚言於市，辨妖祥於謠。」

又如《左傳・僖公五年》載：「丙子之辰，龍尾伏辰，均服振振，取虢之旂。鶉之賁賁，天策燉燉，火中成軍，虢公其奔。」這就是預言晉國的讖謠。

《論語・子罕》：「子曰：鳳鳥不至，河不出圖，吾已矣夫！」

《墨子・非攻》：「三苗大亂，天命殛之，日妖宵出，雨血三朝，龍生於廟，犬哭乎市，夏冰，地坼及泉，五穀變化，民乃大振（震）。」

以上皆說明了先秦時期，已把讖謠作為一種禍福預言。

大抵而言，先秦時期的讖謠尚屬於啟蒙時期，數量少，且艱深，但均扣合中國的天命論。秦漢之後，讖謠之興益盛，從《史記》等典籍相關記載，舉其一二即可知其樣貌。

《史記・秦始皇本紀》：「燕人盧生使入海還，以鬼神事，因奏《錄圖書》曰：『亡秦者，胡也。』」

《史記・項羽本紀》：「故楚南公曰：『楚雖三戶，亡秦必楚。』」

《史記・陳涉世家》：陳勝令吳廣「夜篝火，狐鳴呼：『大楚興，陳勝王。』」

讖緯術數看似語意含混，晦澀不明，但卻影響中國政治和士大夫及庶民思想近兩千年，背後實有濃厚的社會氛圍和文化背景，值得探討。中國的讖緯數術，以今日科學的眼光觀之，一般多認為荒誕迷信，但事實上，它卻是一個複雜的文化現象。它承襲了中國古代的巫祝祥異之說，以及天命迷信，進而發展出一種複雜的文化現象，甚至與《推背圖》關聯頗深。

讖謠，是一種獨特的歷史文化現象。在史籍記載和民間流傳中，都顯得神祕玄妙，似有靈驗，歷朝雖久禁而不衰。按：《說文解字》云：「讖，驗也，有徵驗之書。河、洛所出書曰讖。」東漢許慎認為讖可驗之於事實。東漢張衡言讖，謂之：「立言於前，有徵於後。」依陳文豪的說法，讖是一種隱語，用以預決吉凶，現今一般人在廟宇中求籤，實即求讖，甚至大家樂所追求的明牌，也可視為讖的一種。〔註30〕

〔註30〕陳文豪：〈漢代的「政治明牌」──讖緯〉，《歷史月刊》1995 年第 92 期，頁

　　從文獻上的考察中國史上讖緯最發達的時代當推新莽與東漢。學者戴晉新亦提及，漢代讖緯發達是受到陰陽五行與天人感應說的影響，同時也與術數和古史的整理有關，其最終的目的還是要實現為政治服務，說穿了就是藉玄學與迷信造勢。〔註31〕至於讖緯源興，後人大多採用漢儒之見，《後漢書・張衡列傳》「圖讖成於哀、平之際」。其載：

> 立言於前，有徵於後，故智者貴焉，謂之讖書。讖書始出，蓋知之者寡……成哀之後，乃始聞之。……則知圖讖成於哀平之際也。
> 〔註32〕

然而亦有異見認為，圖讖之源興，應非起於哀、平之際，而可追溯至更早。或謂《史記・秦始皇本紀》其記《錄圖書》，即如後世讖緯之書。《史記・秦始皇本紀》載：

> 燕人盧生，使入海還，以鬼神事，因奏《錄圖書》，曰：《亡秦者胡也》。

清人徐養原（1758－1825）〈緯候不起於哀平辨〉，其云：

> 圖讖乃術士之言，與經義初不相涉。至後人造作緯書，則因圖讖而牽合於經義，其於經義，皆西京博士家言，為今文學者也。蓋前漢說經者，好言災異，《易》有京房，《尚書》有夏侯勝，《春秋》有董仲舒，其說頗近於圖讖。〔註33〕

清人陳康祺（1840～？）《郎潛紀聞初筆》卷一亦云：

> 古來帝王姓氏，上應圖讖，如漢號「卯金」、晉稱「典午」，以及劉秀、李淵之先兆，大抵皆附會之說，況區區三百人中冠冕乎！〔註34〕

至於讖緯之說，亦有主張不應混為一談，明代胡應麟（1551～1602）《四部正譌》載云：

> 世率以讖緯並論，二書雖相表裡，而實不同。緯之名所以配經，故自六經《語》、《孝》而外，無復別出，《河圖》、《洛書》等緯皆易

49～53。

〔註31〕戴晉新：〈漢代以前的讖語與預言〉，《歷史月刊》1995 年第 92 期，頁 44～48。

〔註32〕〔劉宋〕范曄撰：《後漢書》（北京：中華書局，1973 年），頁 1911。

〔註33〕〔清〕徐養原：〈緯候不起於哀平辨〉，載《清經解》（南京：鳳凰出版社，2005 年）影印本，頁 10834。

〔註34〕〔清〕陳康祺：《郎潛紀聞初筆二筆三筆》（北京：中華書局，1984 年），頁 24。

也。讖之依附六經者，但《論語》有讖八卷，餘不概見。以爲僅此
一種，偶閱《隋經籍志》，注附見十餘家，乃知凡讖皆託古聖賢以名
其書，與緯體制迴別；蓋其說尤誕妄，故隋禁之後永絕，類書亦無
從援引，而唐、宋諸藏書家絕口不談，以世所少知。〔註35〕

又按《四庫全書總目提要》卷六的解釋：「儒者多稱讖緯，其實讖自讖，緯自
緯，非一類也。」讖就是「詭爲隱語，預決吉凶」，它是一種宗教預言；緯，
是用讖語對儒家經典進行解釋和比附的著作。讖緯之所以有別，究其因，乃
因東漢緯書中，有部分內容主要與古史、神話、或古代經典有關，與今文經
學淵源較深，名之爲緯；另有部分與天文、卜筮及政治預言相關，名之爲讖。
後世學者，認爲緯雖不經，尚可補經，不應與「荒謬無稽」之讖言混爲一談，
故應「讖自讖，緯自緯」。

雖則《四庫全書總目提要》總纂紀昀及撰者認爲「讖自讖，緯自緯」不
能混爲一談，然而，就一般民間認知而言，所謂的「讖緯」，其實就是讖書與
緯書的合稱，讖書乃泛指巫師或方士作爲占卜吉凶的預言，而緯書則是指方
士化的儒生依古代河圖洛書的神話系統，對儒家經典所作的附會之說，亦即
儒學神秘化；但從書名觀之，緯書中也有少數以「讖」爲名，就內容而言，
標題爲緯者實際上含緯也含讖，與標題爲讖者並無太大區別，故而「讖緯」
經常混爲一說。

至於術數，《四庫全書總目·術數類提要》：「術數之興，多在秦、漢以後，
要其旨不出乎陰陽五行生克制化，實《易》之支派，傅以雜說耳。」讖緯之
說是中國古代一種獨特的歷史文化現象，它往往假借天命或神的啓示，以預
言的方式揭示政治變革、朝代興亡，顯得神秘玄妙，似有靈驗，「一語成讖」
所在多有。

漢初賈誼也曾以讖緯占驗吉凶，賈誼賦中即有：「發書占之，讖言其度。」
西漢末年哀、平之際，讖緯合一，讖以輔緯，緯以配經。讖，又被稱作符
命之書，意爲符合神意。緯書紛紛湧出，不僅方士造作緯書，儒生也以此爲
本職。

讖緯到東漢匯集大成，由於符合當時封建統治者的需要，故流行一時，
在東漢被稱爲內學，尊爲秘經。

讖緯之學對東漢政治、社會生活與思想學術均產生十分重大的影響，雖

〔註35〕　〔明〕胡應麟：《四部正譌》（臺北：臺灣開明書局，1969 年），頁 12。

然從今日科學理性的眼光觀之，古代讖緯之學充斥著濃厚的神學迷信色彩，但不可否認，讖緯中並非全是荒誕無稽，其中仍含有許多古代天文、曆數、地理等方面的資料及知識，可供今人勾稽查考。諸如中國君主專制社會的最高倫理規範「君爲臣綱，父爲子綱，夫爲妻綱」，即是《白虎通義》從禮緯〈含文嘉〉中引來的。

東漢末年，王莽爲了篡奪漢室王位，大肆假借天命所歸，編造了不少讖語，如《漢書‧王莽傳》「赤世計盡，黃德當興」，「火德銷盡，土德當代」，爲王莽製造稱帝興論。《王莽傳》還記載：「先是衛將軍王涉素養道士西門君惠，君惠好記天文讖記，爲涉言：『星孛掃宮室，劉氏當復國，國師公姓名是也』。」

《後漢書‧漢光武帝紀》：

> 莽末，天下連歲災蝗，寇盜蜂起。……宛人李通等以圖讖說光武云：「劉氏復起，李氏爲輔。」……讖記曰：「劉秀發兵捕不道，卯金修德爲天子。」〔註36〕

帝王之興，既與圖讖有密切關聯，圖讖頗受君王重視，亦屬當然。漢光武帝甚至也曾爲此修書給據蜀公孫述，反駁公孫述妄引讖記當有天下，以保自己的「當受天命」，也是一段相當傳神的「圖讖之興」記載。《後漢書‧公孫述列傳》曰：

> 蜀中童謠言曰：「黃牛白腹，五銖當復。」好事者竊言王莽稱「黃」，述自號「白」，五銖錢，漢貨也，言天下當並還劉氏。述亦好爲符命鬼神瑞應之事，妄引讖記。以爲孔子作《春秋》，爲赤制而斷十二公，明漢至平帝十二代，歷數盡也，一姓不得再受命。又引《錄運法》曰：「廢昌帝，立公孫。」《括地象》曰：「帝軒轅受命，公孫氏握。」《援神契》曰：「西太守，乙卯金。」謂西方太守而乙絕卯金也。五德之運，黃承赤而白繼黃，金據西方爲白德，而代王氏，得其正序。又自言手文有奇，及得龍興之瑞。數移書中國，冀以感動觸心。
>
> 帝患之，乃與述書曰：「圖讖言『公孫』，即宣帝也。代漢者當塗高，君豈高之身邪？乃復以掌文爲瑞，王莽何足效乎！君非吾賊臣亂子，倉卒時人皆欲爲君事耳，何足數也。君日月已逝，妻子弱小，

〔註36〕 〔劉宋〕范曄撰：《後漢書》（北京：中華書局，1973年），頁2～22。

當早爲定計，可以無憂。天下神器，不可力爭，宜留三思。」署曰
「公孫皇帝」。述不答。〔註37〕

光武帝即位後，崇信讖緯，建武三十二年「宣佈圖讖於天下」，上位者既好此
道，群臣儒生自是爭相迎合當道、蜂湧鑽研此道。《後漢書‧張衡列傳》，卷
五十九，載：

> 初，光武善讖，及顯宗、肅宗因祖述焉。自中興之後，儒者爭學圖
> 緯，兼復附以訛言。衡以圖緯虛妄，非聖人之法，乃上疏曰：……
> 立言於前，有徵於後，故智者貴焉，謂之讖書。讖書始出，蓋知之
> 者寡。……劉向父子領校秘書，閱定九流，亦無讖錄。成、哀之後，
> 乃始聞之。……律曆、封候、九宮、風角，數有徵效，世莫肯學，
> 而競稱不占之書。譬猶畫工，惡圖犬馬而好作鬼魅，誠以實事難形，
> 而虛僞不窮也。宜收藏圖讖，一禁絕之，則朱紫無所眩，典籍無瑕
> 玷矣。〔註38〕

張衡一方面批評圖讖虛妄，非聖人之法，《論衡‧卜筮》：「有神靈，問天地，
俗儒所言也。」卻也信服承認律曆、封候、九宮、風角，數有徵效。由是，
從張衡的身上，我們可以看到圖讖對漢儒影響之深。

　　無可否認，圖讖之學既興於漢，集兩漢經學於大成的鄭玄，對讖緯之學
自不陌生，其列傳亦有所記載。《後漢書‧鄭玄列傳》，卷三十五，載曰：

> 董卓遷都長安，公卿舉玄爲趙相，道斷不至。……博稽六藝，粗覽
> 傳記，時睹秘書緯術之奧。……五年春，夢孔子告之曰：「起，起，
> 今年歲在辰，來年歲在巳。」既寤，以讖合之，知命當終，有頃寢
> 疾。……
>
> 時袁紹與曹操相拒於官渡，令其子譚遣使逼玄隨軍。不得已，載病
> 到元城縣，疾篤不進，其年六月卒，年七十四。〔註39〕

從以上數例可窺，東漢時期，讖緯之術盛行當道，讖緯在東漢允稱顯學。換言
之，東漢群臣若不懂讖緯之學，就表示自己學問不足，甚至影響仕途浮沉，就
連大學問家鄭玄的列傳中，也稱鄭玄「博稽六藝，時睹秘書緯術之奧」，亦說明
當時大學問家與讖緯的關連匪淺。至於桓譚直言「讖之非經」則下場淒慘。

〔註37〕同前註，頁 537～538。
〔註38〕同前註，頁 1911～1912。
〔註39〕同前註，頁 1209～1211。

《後漢書・桓譚列傳》，卷二十八：

> 帝謂譚曰：「吾欲讖決之，何如？」譚默然良久，曰：「臣不讀讖。」
> 帝問其故，譚復極言讖之非經。帝大怒曰：「桓譚非聖無法，將下斬
> 之。」譚叩頭流血，良久乃得解。出爲六安郡丞；意忽忽不樂，道
> 病卒，時年七十餘。〔註40〕

劉勰《文心雕龍・正緯》云：

> 光武之世，篤信斯術。風化所靡。學者比肩，沛獻集緯以通經，曹
> 褒選讖以定禮。乖道謬典，亦已甚矣。〔註41〕

以上據劉勰所記，光武之世篤信讖緯，也無怪乎上行下效，學者比肩，即便
「桓譚疾其虛僞，尹敏戲其浮假，張衡發其僻謬，荀悅明其詭誕」，也難撼其
篤信風氣。從《後漢書》記載光武帝與桓譚君臣的對話，差點怒斬「疾其虛
僞」直言「讖之非經」的桓譚，認爲桓譚「非聖無法」，就可以看出東漢朝廷
篤信讖緯之風。

時至東漢末年，群雄競相爭奪大位，也多藉出讖緯託言天命，不只曹操、
劉備如此，袁術也自認名字應讖，漢末流傳「代漢者當塗高」，袁術自覺「術」
及「公路」皆與「塗」字相通，故云應之，自認爲「代漢者當塗高。」此讖
說的就是自己，因而有僭逆之心，孫策知其野心遂修書諫曰，圖緯之言，煽
惑誤人，勸術熟慮。《後漢書・袁術列傳》，卷七十五，載曰：

> 袁術，字公路……術在南陽，戶口尚數十百萬，而不修法度，以鈔
> 掠爲資，奢恣無厭，百姓患之。又少見讖書，言「代漢者當塗高」，
> 自云名字應之。又以袁氏出陳爲舜後，以黃代赤，德運之次，遂有
> 僭逆之謀。……策聞術將欲僭號，與書諫曰……時人多惑圖緯之言，
> 妄牽非類之文，苟以悅主爲美，不顧成敗之計，古今所慎，可不熟
> 慮！忠言逆耳，駁議致憎，苟有益於尊明，無所敢辭。〔註42〕

無可諱言，東漢至三國的讖緯之學，在官方有意的倡導下，既享有崇高的官
方地位，其內容當然也受到官方嚴格控制。兩晉至隋，不少君主痛恨讖緯對
社會的干擾，下令禁止讖緯，讖緯失去漢代官定正統地位，自此讖緯之學，
江河日下不復其盛。事實上，君王查禁讖緯之舉，說穿了就是在乎皇位不保，

〔註40〕同前註，頁 961。
〔註41〕〔梁〕劉勰撰：《元刊本文心雕龍》（上海：古籍出版社，1993 年），頁 20。
〔註42〕同前註，頁 2438～2441。

深怕讖緯蠱惑人心，人民藉端造反。史書可考者，《晉書・武帝紀》載，晉武帝在泰始四年（268）禁令讖緯，違者服刑兩年。《晉書・石季龍載記上》載，後趙皇帝石虎在建武二年（336）嚴禁讖緯，敢有犯者誅。《晉書・苻堅載記》苻堅下詔：「禁老莊、圖讖之學，犯者棄市。」《魏書・高祖紀第七》孝武帝元宏下詔：「禁圖讖，祕緯及名《孔子閉房記》，留者以大辟論。」接著，隋朝禁令較之前朝更顯嚴厲，隋文帝於開皇十三年（593）下令私家不得藏讖緯圖書，隋煬帝則更進一步派人在民間四處搜訪，舉凡讖緯圖書一律焚毀，私藏者並處以死刑，此亦見諸《隋書・經籍一・讖緯》載云：「煬帝即位，乃發使四出，搜天下書籍與讖緯相涉者，皆焚之，為吏所糾者至死。自是無復其學，祕府之內，亦多散亡。」〔註43〕

由於受到各朝查禁，唐、宋、元、明、清以降，天下書籍與讖緯相涉者已大量銳減，但仍時有讖謠流傳於世，今存有明《古微書》、清《七緯》等輯本存世。史書可見，武后常藉《大雲經疏》等圖讖以強化自己政治天命，但對於別人利用圖讖則禁之甚嚴。諸如《朝野僉載》卷五，載曰：

> 裴炎為中書令，時徐敬業欲反，令駱賓王畫計，取裴炎同起事。賓王足踏壁，靜思食，頃，乃為謠曰：「一片火，兩片火，緋衣小兒當殿坐。」教炎莊上小兒誦之，並都下童子皆唱。炎乃訪學者令解之。召賓王至，數啖以寶物錦綺，皆不言。又賂以音樂妓女駿馬，亦不語。乃將古忠臣烈士圖共觀之，見司馬宣王，賓王閒然起曰：「此英雄丈夫也。」即說自古大臣執政，多移社稷。炎大喜，賓王曰：「但不知謠讖何如耳？」炎以謠言「片火緋衣」之事白。賓王即下，北面而拜曰：「此真人矣。」遂與敬業等合謀。揚州兵起，炎從內應。書與敬業等合謀，書唯有「青鵝」字。人有告者，朝臣莫之能解。則天曰：「此青字者，十二月。鵝字者，我自與也。」遂誅炎，敬業等尋敗。〔註44〕

「一片火，兩片火，緋衣小兒當殿坐。」亦見於《全唐詩》卷八七八－九〈裴炎謠〉中，而同卷八七八－二十六〈燕燕謠（安祿山未反時有此二謠）〉：「燕燕，飛上天。天上女兒鋪白氈，氈上有千錢。」以及卷八七八－四十四〈真人謠（唐末民間有此謠。元宗因名其子為弘冀以應之）〉：「有一真人在冀川，

〔註43〕 〔唐〕魏徵等撰：《隋書》（北京：中華書局，1973年），頁941。

〔註44〕 〔唐〕張鷟撰：《朝野僉載》（西安：三秦出版社，2004年），頁155。

開口持弓向外邊。」〔註45〕

　　尤其每逢朝代更迭之際，讖謠對於渙散民心起了很大的聚攏作用。諸如：《宋史・卷三・太祖本紀》：

> 世宗在道，閱四方文書，得韋囊，中有木三尺餘，題云「點檢作天子」，異之。時張永德爲點檢，世宗不豫，還京師，拜太祖檢校太傅，殿前都點，以代永德。〔註46〕

《宋史・志》卷六十六・志第十九，載列：

> 宋初，陳摶有紙錢使不行之說，時天下惟用銅錢，莫喻此旨。其後用交子、會子，其後會價愈低，故有「使到十八九，紙錢飛上天」之謠。似道惡十九界之名，乃名關子，然終爲十九界矣，而關子價益低，是紙錢使不行也。宋以周顯德七年庚申得天下。圖讖謂「過唐不及漢，一汴、二杭、三閩、四廣」，又有「寒在五更頭」之謠，故宮漏有六更。按漢四百二十餘年，唐二百八十九年。開慶元年，宋祚過唐十一年，滿五庚申之數；至德祐二年正月降附，得三百一十七年，而見六庚申，如宮漏之數。〔註47〕

《明史・李自成列傳》所記：

> 自成爲人高顴深頷，鴟目曷鼻，聲如豺。性猜忍，日殺人斮足剖心爲戲。……金星又薦卜者宋獻策，長三尺餘，上《讖記》云：「十八子，主神器。」自成大悦。嚴因說曰：「取天下以人心爲本，請勿殺人，收天下心。」自成從之，屠戮爲減。又散所掠財物振饑民，民受餉者，不辨嚴、自成也，雜呼曰：「李公子活我。」嚴復造謠詞曰：「迎闖王，不納糧。」使兒童歌以相煽，從自成者日眾。〔註48〕

值得注意的是，唐代以降歷經宋、元、明等朝的查禁，一直比較消沉的讖緯迷信，在清代中葉以後突然異常活躍，出現在下層民眾中，大量的清宮奏摺及民間筆記皆有記載。

　　唐、宋之後，民間筆記小說記載多不勝數，明、清之際秘密宗教盛行，

〔註45〕　清康熙敕編：《全唐詩》（北京：中華書局，1960 年），頁 9942、9945、9947。

〔註46〕　新亞研究所典籍資料庫 http://newasia.proj.hkedcity.net/resources/25/ss/index.phtml?section_num=001，上網日期：2010 年 9 月 9 日。

〔註47〕　新亞研究所典籍資料庫 http://newasia.proj.hkedcity.net/resources/25/ss/index.phtml?section_num=066，上網日期：2010 年 9 月 11 日。

〔註48〕　〔清〕張廷玉等撰：《明史》（北京：中華書局，1974 年），頁 7956～7957。

許多經典寶卷應運而生，《推背圖》、〈燒餅歌〉也就這麼被編爲秘密宗教寶卷之流，藉此順勢流傳廣大，即便目不識丁的鄉野村民，透過口耳傳說以及望圖生義，也知此書大名，益加造成《推背圖》、〈燒餅歌〉深植人心，成爲晚清以來中國最著名預言書。

呂肖奐〈謠讖三問〉記云：

> 「謠讖」之「謠」曾被古人附會爲熒惑星下凡到人間所作的預言，例如《史記》卷二七〈天官書〉云：「熒惑爲勃亂、殘賊、瘟聚、飢兵。」唐張守節《正義》引〈天官占〉云：「其（熒惑）精爲風伯，或童兒歌謠嬉戲也。」……《晉書》卷十二〈天文志〉以及隋書卷二十〈天文志〉更發展了這個現象「凡五星盈縮失位……隨其象告。」……古代的「讖」，包括圖讖，物讖，語讖，詩讖，謠讖等各種雜讖。……古代讖術雖盛行，謠讖眾多，還有讖書出現（如《河圖》、《洛書》、《論語讖》以及後代的《推背圖》、〈燒餅歌〉等），但讖術卻似乎從來沒有被人們獨立分立出來，而自成體系。……尤其是「謠讖」僅以民謠字面以及諧音、拆字之類語言遊戲規則作爲術數根據，顯示出太多的隨意性或遊戲性。〔註49〕

呂肖奐所言，與本研究前文所摘勞思光的看法約略相近，認爲《推背圖》之類的讖書，有太多的隨意性與遊戲性。

謠讖是中國古代獨特的思潮與現象，有其深厚的社會、歷史、文化、思想背景。《推背圖》之類的讖書之所以神驗，從今日理性研究分析，絕大部分實乃傳播過程中，被古代的野心家和政客對其已發生史實進行過多次篡改，或者立言於前、多言自有巧中，或者牽強附會，箇中並非眞有玄妙之處。

李世瑜〈謠諺與新史學〉也曾提到文人運用讖謠製造政治輿論的看法，其云：

> 事實上，早在我們今天之前就有人知道，爲了營造某一種必然發生的神祕氣氛，人們往往有意創作並傳播謠讖，如秦末陳勝起事的「大楚興，陳勝王」或元末「莫道石人一隻眼，挑動黃河天下反」等等……類似這樣的謠讖，雖然有文人創作的很大嫌疑，但因多匿名，而且在創作出來之後，又爲民間廣泛傳播，因此也可視爲「輿

〔註49〕呂肖奐：〈謠讖三問〉，《中國俗文化研究》（成都：巴蜀書社，2000 年），頁208。

論」（public opinion）我們可以看出，它們多與政治事件或人物有
關。〔註50〕

事實上，在充滿「讖緯術數」、「天命之說」的中國傳統社會中，仍有少數發
出異聲之士，其言頗具說服力，惟仍難撼動「根深柢固」的傳統文化思想。
漢桓譚、張衡、宋歐陽修、司馬光、元朱思本皆屬充滿現代科學精神代表，
對於讖緯術數多所質疑，但此說卻難撼動古代社會主流思想。例如桓譚對於
「讖緯術數」相當排斥，所著《新論》主要針對當時的讖緯神學提出反駁，
甚至甘冒大不韙在漢光武帝聖顏面前說出「臣不讀讖」、「讖之非經」，而險遭
殺頭之禍，最後被貶，客死道途。另外，桓譚之後，亦有敢言之士，張衡以
科學論證來駁斥讖緯之說，其言「月光生於月日之所照」，非關「君道有虧」，
隕石是「奔星所墜，至地則石也」，並非神物，也不是「民困之象」，張衡更
主張「宜收藏圖讖，一禁絕之」，顯然，亦不為君主所悅。

宋歐陽修（1007～1072）《五代史‧吳越世家論贊》云：

> 嗚呼！大人之際，為難言也。非徒自古術者好奇而幸中，至於英豪
> 草竊亦多自托於妖祥，豈其欺惑愚眾，有以用之歟？蓋其興也，非
> 有功德漸積之勤，而黥髡盜販，倔起於王侯，而人亦樂為之傳歟？
> 考錢氏之始終，非有德澤施其一方，百年之際，虐用其人甚矣，其
> 動於氣象者，豈非其孽歟？是時四海分裂，不勝其暴，又豈皆然歟？
> 是皆無所得而推歟？術者之言，不中者多，而中者少，而人特喜道
> 其中者歟？〔註51〕

歐陽修喟然之嘆，不正道出中國古代社會中，充滿了這樣的矛盾氛圍，江湖
術士對於求卜者的預測，往往不驗者多，而少數巧中者，卻被大加渲染，並
且社會大眾也喜於津津樂道。即便英雄草寇起事，也多托之妖祥以求得群眾
支持，如是例證，史書歷歷可證。也讓《推背圖》之類讖謠，得以在民間私
下流傳過程中，不斷的獲得能量並被渲染。

宋司馬光（1019～1086）《資治通鑑》卷第一百三十六中，六朝南齊范縝
與竟陵王蕭子良的對話，以及反對迷信的看法，充滿智者思想。其記：

> 范縝盛稱無佛。子良曰：「君不信因果，何得有富貴、貧賤？」縝

〔註50〕 李世瑜：〈謠諺與新史學〉，載《歷史研究五十年論文選（書評）》（北京：社
會科學文獻出版社，2005年），頁208。
〔註51〕 〔宋〕歐陽修撰：《新五代史》（北京：中華書局，1974年），頁844。

曰：「人生如樹花同發，隨風而散：或拂簾幌墜茵席之上，或關籬牆落糞溷之中。墜茵席者，殿下是也，落糞溷者，下官是也。貴賤雖復殊途，因果竟在何處！」子良無以難。縝又著《神滅論》，以爲：「形者神之質，神者形之用也。神之於形，猶利之於刀；未聞刀沒而利存，豈容形亡而神在哉！」此論出，朝野喧嘩，難之，終不能屈。〔註52〕

宋洪邁（1123～1202）《容齋隨筆・讖緯之學》云：

圖讖星緯之學，豈不或中，然要爲誤人，聖賢所不道也。……唐太宗知女武將竊國命，遂濫五娘子之誅……晉張華、郭璞、魏崔伯深，皆精於天文卜筮、言事如神，而不能免於身誅家族，況其下者乎？〔註53〕

宋代上承五代群雄並起迷信讖緯遺風，文人雅士多好此道。洪邁在其《容齋隨筆》中，明白指出「圖讖星緯」之學的根本矛盾與誤人之深，不只造成帝王濫殺無辜，史上知名的術士高人也不能因而避禍，免死非命，更何況是其他熱衷追逐此道者？故而，聖人賢者皆避而不談，以免誤人誤己。

元朱思本（1273～1333）《貞一齋詩文稿・星命者說》云：

世有星命者流……挾斯術以遊於通都大郡，下至閭閻田里，比比皆是也。

予客京師十有五年，所見名勳公卿者數人。自謂人之死生、得失，悉能前知，斷以年月，無毫髮釐少差。薦紳交相薦譽招致，賂遺殆無虛日。輕裘肥馬，光采照地，由是而獲祿仕者有之。

時予居道宮，甚無事，旦夕與之遊處。因舉平昔所記貧富、貴賤、存沒、年命凡數十以質之，十不一驗也……數十百人中幸而有驗者，則奔走相告，語曰：「某術士，神人也。」由是而名聲日彰，遊從日廣。其不驗者問之，則曰：「今雖未驗，當在某時。」其人益信之，日夕延頸以俟，至期復不驗，問之，則曰：「非吾術之疏也，若生時之誤也。」……聽者不察，遂以爲神。

嗚呼！雖其挾詐規利，亦患得患失者有以成之也。患得者惟恐其言之不吾與，患失者惟恐其言之不吾固，遑遑焉，汲汲焉。惟命之推

〔註52〕　〔宋〕司馬光編著：《資治通鑑》（北京：中華書局，1956年），頁4259。
〔註53〕　〔宋〕洪邁：《容齋隨筆》（北京：中華書局，2005年），頁216。

術者，揣知其如是，則累千百言以諛之。其既也驗者恒少，誕者恒
多。少者揚之，多者藏之。爲之者，則洋洋然自得而無愧矣。然則
其何以矯之？曰：「君子居易而已。」〔註54〕

朱思本出生於書生家庭，幼年即前往龍虎山拜入正一道爲道士。朱的詩文爲
時人稱道，是元朝重要詩人之一，著有《貞一齋詩文稿》，其對道宮推術者巧
飾及信眾心態有精闢分析，「數十百人中幸而有驗者，則奔走相告」，反映了
當時社會現象及大眾普遍心理。朱思本客居京師道宮十五年，以其親身經驗
戳破術數神話，直言「術士驗者恒少，誕者恒多。少者揚之，多者藏之。」
拆穿江湖術士騙人的伎倆，以及信者奔走相告的愚昧景況。

清初顧炎武（1613～1682）《日知錄》·卷三十〈圖讖〉云：

《史記·趙世家》扁鵲言秦穆公寤而述上帝之言，公孫友書而藏之，
秦讖於是出矣。《秦本紀》燕人盧生使入海，還以鬼神事，因奏錄圖
書曰：「亡秦者，胡也。」然則讖記之興，實始於秦人，而盛於西京
文末也。……隋煬族李渾，而禪隋者李淵。唐太宗誅李君羨，而革
唐者，武后。周世宗代張永德，而繼周者，藝祖。〔註55〕

顧炎武提到圖讖源起秦讖，並從其敘述圖讖源流及舉唐高祖、武后、宋太祖
應讖爲例，說明當時社會圖讖之風盛行。

清陳康祺（1840～？），同治十年進士，累官刑部員外郎，卒年不詳。博
學多識，尤熟悉清代掌故。其認爲古來帝工上應圖讖，大抵事後附會之說。
所著《郎潛紀聞》卷一云：

古來帝王姓氏，上應圖讖，如漢號「卯」，晉姓「典午」，比及劉秀、
李淵之先兆，大抵事後附會之說。〔註56〕

大陸學者陳永正主編《中國方術大辭典》，其收錄《銅牌記》詞條云：

《銅牌記》，古代預言書。相傳梁僧寶志作，多記未來事，五代流傳
甚廣。書中有「有一真人在冀川，開口張弓在左邊，子子孫孫萬萬
年。」之語。李曣爲其子取名「弘冀」，期以應之。宋人認爲宋太祖
父趙弘毅，方爲應讖者。〔註57〕

〔註54〕〔元〕朱思本：《貞一齋詩文稿》（宛委別藏錄叢書堂鈔）（臺北：臺灣商務印
書館，1981 年），頁 13。

〔註55〕顧炎武：《原抄本日知錄》（臺北：明倫書局，1970 年），頁 865～866。

〔註56〕陳康祺：《郎潛紀聞》（臺北：成文出版社，1968 年），頁 31。

〔註57〕陳永正主編：《中國方術大辭典》（廣州：中山大學出版社，1991 年），頁

本研究認為，《銅牌記》此讖五代流傳甚廣，實早於南宋岳珂《桯史》所記《推背圖》「開口張弓」之讖，據此條並參照史實及各代刊行佛典所記，疑為岳珂之前，即有人偽託李淳風作《推背圖》，並將相傳寶志所作《銅牌記》之讖，參雜其中，並藉李淳風大名傳諸於世，以為應讖。

李世瑜（1922～2010）對寶卷研究素享盛名，其《寶卷論集》在前言提及：

> 在鄭振鐸先生的《中國俗文學史》出版以前，研究寶卷的人不少，他們多是研究某些問題涉及到寶卷或是發現一種寶卷，就做起文章來。等到《中國俗文學史》出版以後，把寶卷歸入俗文學範圍內，似乎把寶卷做了總結集，許多人都遵循他的道路進行研究。其實鄭先生的認識只是對了一半，寶卷應該從白蓮教研究開始，因為寶卷的前期都是白蓮教的經卷。……寶卷學方興未艾，我今後的打算首先是就我手邊有的抄本前期寶卷進行研究，它們是《定劫寶卷》、《白花玉篆》、《普明禪師牧牛圖》、《東明曆》、《推背圖》。再以《湧幢小品》所載 88 種不叫寶卷的寶卷為線索，按圖索驥，繼續搜尋，我想是會有結果的。〔註58〕

依李世瑜之見，《推背圖》不僅是研究寶卷重要書目，屬於鄭振鐸所歸類的俗文學範疇，甚至在白蓮教的經卷中，《推背圖》也與《定劫寶卷》、《東明曆》等同列其中，可見《推背圖》與宗教合流的現象及線索，值得進一步探索，從這個研究角度發展挖掘，將有助瞭解《推背圖》的流傳脈絡。

日本學者中村璋八、安居香山認為，緯書在漢代之後已然定形，但讖書則在歷代的民變、政爭中依然存在，作為政治鬥爭的思想工具。漢代讖緯的內涵，似乎與後世所傳李淳風《推背圖》、劉伯溫〈燒餅歌〉、鐵冠僧〈透天玄機〉、姜太公〈乾坤萬年歌〉、邵雍〈梅花詩〉、黃檗〈禪師詩〉、諸葛亮〈馬前課〉等著名預言書很相近。在中村璋八、安居香山《緯書集成》中文版由中國編者所附【附錄篇】中，即收錄有前開「中國大預言九種」，其中《推背圖》篇幅最多，特別介紹三種不同版本《推背圖》，中國編者指出：

> 眼下的書攤上，已經出現了幾種版本《推背圖》，有詩又有圖，而且號稱「中國七大預言之首」，所以頗能聳動一些人的好奇心。……

663。
〔註58〕李世瑜：《寶卷論集》（臺北：蘭臺網路，2007 年），頁 1。

《推背圖》和歷史上的其他預言的區別，就是它預測的時間長，篇幅大，而且有詩有圖，能適合民眾的趣味。所以它在民間傳播極廣，也遠遠超過其他的預言書。……《推背圖》究竟是什麼時候由誰造出來的呢？這是一個無解或有無數解的謎。因為我們現在所見到的形形色色的《推背圖》，幾乎全都是由不同時期的無數作者「集體創作」的。《推背圖》產生的最早時間不會早於五代末年，而下限就很難說了，因為現在還有人通過「解釋」繼續進行創作。……

我們這裡只介紹兩種（也可以說是三種）《推背圖》。一種是以研究民間祕密宗教名著海內外的李世瑜先生在德國一本刊物上發現的。據先生說，它極可能是目前我們看到的最接近原貌的一種《推背圖》……我們姑稱為「甲種」，……我們再在這個本子下附上另外一種，姑稱為「另本」，以做比較。再有一種是今天比較常見的，我們聊稱之為「乙種」。這種本子近年在海外很流行，大家很清楚可以看到它是經過近代人經心加工的結果，加工人的文化水平相當高。……

《推背圖》是中國特有的一種文化現象，它在中國的政治思想史以及民間宗教史的研究中都有獨特的價值。迷信它的人愚妄，簡單唾棄它的人又嫌魯莽。〔註59〕

以上論點大致允宜，惟該文所記「李世瑜先生在德國一本刊物上發現的。據李世瑜說，它極可能是目前我們看到的最接近原貌的一種《推背圖》」，事實上，此言很大程度是屬李世瑜自己推測之辭，實不宜繼續轉引，以免誤導後人。〔註60〕

喻松青《民國祕密宗教經卷研究》，記云：

《全唐詩》卷十二，載有唐末民間的〈真人謠〉：「有一真人在冀川，開口持弓向外邊，子子孫孫萬萬年。」此〈真人謠〉亦見於北宋黃鑑《楊文公談苑》，字句稍異，並指出它出自寶誌的《銅牌記》：梁沙門寶誌《銅牌記》多識未來事，云有真人在冀川，開口張弓左右

〔註59〕 中村璋八、安居香山：《緯書集成》（石家莊：河北人民出版社，1994年），頁1413～1417。

〔註60〕 李世瑜先生發現於德國一本刊物上的《推背圖》版本，所指即《Das Bild in der Weissage-Literatur Chinas》此書及所錄版本，而該書又是轉引自日本中野達教授其父中野江漢之藏本。詳參本專書第一章第四節〈前人研究成果〉。

邊，子子孫孫萬萬年。

「眞人」最早見於先秦《莊子》一書。入漢以後，逐漸流行，成爲眞命天子的代詞，以後或稱眞王、眞主，其意皆同。〈眞人謠〉稱「有一眞人在冀川」，又稱「開口張弓左右邊」（即弘字）的暗示，所以南唐中主李璟，名其子曰「弘冀」，以其應讖。錢鏐諸孫，忠獻王名弘佐（928 年生）、忠懿王名弘俶（929 年生），取名皆用弘字，並用人字作偏旁，與眞人之說相應。其時錢鏐尚在，這顯然是爲他子孫取名的事情，但也可以印證他對讖語的迷信。（《全唐詩》卷十二，稱吳越錢鏐諸子皆連弘字，應爲「諸孫皆連弘字」。事見《七國春秋》）。〔註61〕

喻松青另於《明清白蓮教研究》，書中〈經卷和思想信仰〉專章剖析，從史學宏觀角度探究，爲何歷來統治階級對於《推背圖》等視爲邪經妄說，深惡痛絕、嚴加取締的心態：

> 明清民間秘密宗教的經卷，稱爲寶卷。現存最早的寶卷是明正德四年（1509）刊刻的《羅祖五部經》。……一些民間秘密宗教教派，也把《四書》、《小兒喃孔子》、《八卦說》、《推背圖》、《五女傳道》、《萬法歸宗》之類的書，作爲經卷來誦讀……有時還作些新的修改和補充。它們關於天文、地理、醫學、歷史方面的知識，十分淺陋，甚至荒謬可笑。不少的經卷中還充斥著大量的忠義孝悌、輪迴報應、天命論等陳腐說教。
>
> 在一些經卷中，可以看出下層勞動階級（主要是農民）掙脫舊的思想束縛，希望有所創新的意圖。農民是無法建樹一種新的、較高級的生產方式來替代舊的生產方式的，從而也不能在意識形態方面拋棄和擺脫封建統治思想的束縛和影響，創立一個新的思想體系。……
>
> 然而，雖然封建時代的農民不能創立一個新的思想體系，但這樣一個「永恒」的被統治階級，在封建社會中，由於對地主的階級仇恨，對現實的不滿和由此而產生的反抗意識，以及由於親身經歷勞動創造世界的實踐而產生的美好觀念和希望，這一切又決定著這個階級

〔註61〕喻松青：《民國秘密宗教經卷研究》（臺北：聯經出版社，1994 年），頁 66。

的政治、倫理道德、哲學等觀念，有著不成體系的，但確實與封建統治階級不同、甚至尖銳對立的觀點和內容，這在「邪經」中也有所反映。這正是封建統治階級敵視「邪經」，對它深惡痛絕、嚴加取締的根本原因。〔註62〕

喻松青的觀察精闢，明、清秘密宗教經卷所傳達的反抗統治階級的思想，也正是封建統治階級視《推背圖》等寶卷為洪水猛獸，深惡痛絕、嚴加取締的根本原因。事實上，由於《推背圖》在歷朝各代中屢遭查禁，民國以前，封建時代乏人專書立論，民國以後，缺乏足夠史料支持研究，以致《推背圖》版本不一，眾說紛紜，迄無定論。

民國姜泣群所編《民國野史》，〈奇驗〉條：

讖緯之語，儒者弗道，故未來之預言，歐人亦深信之，都有奇驗者，今者清運終告，俗傳《燒餅歌》上，有「手執鋼刀九十九，殺盡胡兒方罷休」之句，發明者已有二說。一說九十九者百去其一，又為「白」字，民軍起義，以白布縛臂為號，又令各處均懸白旗，此言驗矣。一說革命黨人，又有稱之曰革黨，革黨二字之省筆，「革」字為九筆，「黨」字十九筆，亦應此九十九之讖言。又云，「偶遇楚鄉一異人，胸藏韜略有兵機」，有人謂略字拆開為各田，倘將異人異字之田字頭，藏諸胸中則成為「黃」字，與今日黃帝紀元相合，且或與黃興有關係，倘將異人異字之田字頭鞹去，則又成共和之「共」字，楚鄉二字，亦合今日起事之地。〔註63〕

《民國野史》作者採集中華民國立國前後的奇聞軼事，或采錄舊聞，或掇拾新事，可供參考民國時期政治、文化生活。其記「手執鋼刀九十九，殺盡胡兒方罷休」讖語竟可作出不同應讖解讀，除了反映出中國文字的多義性，及組合拆解靈活性，也相當程度反映了當時廣大社會群眾的心態；換言之，奇驗與否，存乎心證，信者深然「讖緯奇驗」，不信者則視之「牽強附會」。由上可知，「開口張弓」之讖，本來是謠讖，但也編入後出之《推背圖》「此帝生身在冀州，開口張弓在左邊。自然穆穆乾坤大，敢將大鏡照心懸」的詩讖。〔註64〕

〔註62〕 喻松青：《明清白蓮教研究》（成都：四川人民出版社，1987年），頁88～90。

〔註63〕 姜泣群編：《民國野史》（揚州：廣陵古籍刻印社，1995年），頁161。據民國三年鉛印本影印。

〔註64〕 此版本《推背圖》係指古本，而金聖嘆批註《推背圖》版本已無「此帝生身

　　以上皆可見後出之《推背圖》，將流行在前的讖謠納入其版本之痕跡。

　　此外，值得一提是，讖緯術數自古由來已久，其中扶乩亦屬重要支流，自宋朝以來，相傳已久，許地山教授曾在《扶乩的迷信》一書，詳細予以考據，本專書另舉出清代袁枚、紀昀（曉嵐）之作，以及晚清薛福成等人著述，乃至民國之後流傳著名乩文數例，以爲補充。

　　清朝袁枚（1716～1797）《子不語》、紀曉嵐（1724～1805）《閱微草堂筆記》，二書收錄的幾乎都是鬼怪奇聞，袁枚並在書上自題「戲編」，又在序言中提及「怪力亂神，子所不語也。余生平寡嗜好。……文史外無以自娛。乃廣採游心駭耳之事，妄言妄聽，記而存之，非有所惑也。」紀昀則言「惟扶乩一事，則確有所憑附，然皆靈鬼之能文者耳。」並在《閱微草堂筆記》記述了數十例事例。當然，以其二人學識之淵博，雖未必盡信鄉野奇聞，但卻如此熱衷廣泛蒐集這些「怪力亂神」事例，相信應不止於作者「自娛娛人」之言而已，而是嘗試記錄當時廣大社會現象與文化氛圍。茲摘述袁枚《子不語》事例其一，以爲佐參：

〈乩仙示題〉
　　康熙戊辰會試，舉子求乩仙示題。乩仙書「不知」二字。舉子再拜，求曰：「豈有神仙而不知之理？」乩仙乃大書曰：「不知，不知，又不知。」眾人大笑，以仙爲無知也，是科題乃「不知命無以爲君子也」三節。又甲午鄉試前，秀才求乩仙示題，仙書「不可語」三字。眾秀才苦求不已，乃書曰：「正在『不可語』上。」眾愈不解，再求仙明示之。仙書一「署」字。再叩之，則不應矣。已而題是「知之者，不如好之者」一章。〔註65〕

甚且，袁枚更書序直接列舉韓愈等四賢，即便「功在社稷」、「排斥佛老」，亦對難「神怪異聞」充耳不聞，甚至私好採錄，由是觀之，自古以來文人雅士即頗好此道，更遑論一般常民百姓的態度。其云：

　　昔顏魯公、李鄴侯功在社稷，而好談神怪；韓昌黎以道自任，而喜駁雜無稽之談；徐騎省排斥佛、老，而好採異聞。〔註66〕

晚清薛福成（1838～1894）《庸盦筆記‧扶乩奇驗》也記載了曾國藩對於扶乩

在冀州，開口張弓在左邊。自然穆穆乾坤大，敢將大鏡照心懸」詩讖。
〔註65〕〔清〕袁枚：《新齊諧——子不語》（濟南：齊魯書社，2004 年），頁 391。
〔註66〕同前註，頁 2。

的態度。薛福成是曾國藩部屬，長期貼近曾國藩，在書中記載不少曾國藩事
蹟。其書卷六，記載：

> 曾文正公嘗告幕客曰：「余向不信扶鸞等術，然亦有其驗者。」……
> 一日，偶至余弟沅甫宅中，塾師方與人爲扶鸞之戲，問科場事。余
> 默念此等狡獪，何足之憑？乩盤中忽寫賦得偃武修文得閒字。余
> 言：「此係舊時燈虎，作敗字解，所問科場事，其義云何？」乩盤又
> 寫爲九江之言也，不可喜也。余詫曰：「九江新報大捷，殺賊無遺
> 類，何爲言敗？」又自忖九江去此二千里，且我現不主兵事，忽提
> 及此，亦大奇事。因問：「所問不可喜者，爲天下言之乎？抑爲曾氏
> 言之乎？」乩判爲天下大局言之，即爲曾氏言之。時戊午四月初九
> 日也，余始悚然異之，而不解所爲。至十月而果有三河之敗，全軍
> 盡沒……
>
> 噫，一軍之勝負，關係甚鉅，此時文正雖奉諱里居，而東南全局隱
> 倚以爲輕重，……半年之前，敗徵未見，而鬼神早有以告之，凡事
> 莫非前定，豈不信哉？〔註67〕

從薛福成此段故事觀之，若非作者添加附會曾公所言，從此條就可看出晚清
時人對於扶乩的熱衷及崇信，即便曾國藩亦有親身感驗，並且提及雖「不信
扶乩等術，然亦有其驗者。」

民國七年（戊午）上海文明書局編輯俞復，對於「神仙照相」一事，記
之頗詳，亦可供參考。由另一角度思考，時人對於扶乩神仙示象之說的看法
與社會氛圍，以及俞復何出此言的背景，甚或民國四年上海文明書局出版金
聖嘆批註《中國預言》之理。其記：

> 上海有盛德壇者，以扶乩請仙爲事，近更云神仙能照相云云。該社
> 員俞君復爲文記其事，今照錄如下，亦一異聞。文云：本壇自得徐
> 班侯先生靈魂照相，即於壇上請求神仙賜照……復等以俗務冗雜，
> 未及實行試驗。舊友吳君樸臣，業照相三十餘年矣……丁君告以靈
> 魂照相事，並揭示靈學叢書中所載各片，且慫恿其詣本壇試照。吳
> 君疑信參半。八月初七日之夕，吳君攜照相器來壇……復親自對
> 光……插片後由復手開鏡帽……片由吳君攜去顯影。……越夕，吳
> 君來……亟索觀，則鬚髮偉然，道貌儼然，與五月初八長樂金仙所

〔註67〕　〔清〕薛福成：《庸盦筆記》（臺北：廣文書局，1969 年），頁 238～239。

繪常勝子像，頗得其彷彿。乃狂喜……共照六片，均由復對光開鏡。後三片暗中所照者，均由復親視顯影，一無破綻可指，則只有駭詫莫名而已……復夙知寶愛人格，不敢以誑言弄人，且又深知此等事實關於未來學理影響極大，尤不敢輕信，以受人欺者轉以欺人。

凡上所述，皆經細心查驗，足爲確鑿可信之保證書者也。

是有好學深思之士，不欲僅封於科學已發明之故步者，盍共興起之乎？舊歷戊午八月十五日俞復謹記。〔註68〕

俞復既深信且親證「神仙示象」而「駭詫莫名」，對於金聖嘆批註《推背圖》之神驗，想必也是抱持「不敢以誑言弄人」，且「尤不敢輕信，以受人欺者轉以欺人」的態度。

民國二十二年十二月十二、十三日在香港粉嶺馮其焯別墅扶乩〈諸葛武侯乩文〉，則是單篇流傳迄今著名乩文（預言百年內所發生的事），不但能神準預言第二次世界大戰各參戰國，也能預言日本投降，國民黨撤出大陸，中共建國……，預言在先，應驗於後，令人嘖嘖稱奇。其乩文：

天數茫茫不可知。鸞台暫說各生知。世界干戈終爆發。鼠尾牛頭發現時。此次戰禍非小可。鳶飛魚躍也愁眉。……水巷仍須是樂邦。諸生不用走茫茫。……

紅日落完白日落。五星燦爛文明國。……佳人絕色自西來。弄權竊國氣驕溢。……治亂循環有定時。根樹生枝惟四七。……

四海昇平多吉兆。異術殺人不用刀。……白頭變作赤頭人。田間再出華盛頓。……縱使神仙難預算。略將一二說君知。〔註69〕

而據王亭之所稱，此乩文之眞實性無庸置疑，並有當時親眼目睹之社會賢達作證，〔註70〕以及刊載於十二月十五日《香港工商日報》第三張第三版之事實，〔註71〕似非「事後僞作」。此中乩文所示，究爲巧合或屬玄妙，其影響香港民心之廣，實難藉由科學實證提出解釋。這也正是乩文或者讖緯流傳久

〔註68〕懶散道人編：《近人筆記》（臺北：廣文書局，1981年），頁381～385。

〔註69〕〈諸葛武侯乩文〉據傳民國二十二年十二月十二、十三日諸葛亮在香港粉嶺乩示，前半段乩文且曾發表於十二月十五日的《香港工商日報》第三張第三版。

〔註70〕馮公夏居士，據云是當年〈諸葛武侯乩文〉見證者，2000年4月24日卒，享年九十八歲。富甲一方，晚年自香港移居加拿大。

〔註71〕王亭之：《方術紀異》（香港：匯訊出版公司，1997年），頁153。

遠，信迷者眾之主因，或謂巧中也罷，或謂神驗也罷，端視信者與不信者個人經驗感應。

　　此外，在民間扶乩活動中，經常被請出降臨的神仙，劉基（伯溫）可說是箇中代表。由於劉基在天文地理方面的造詣高深，《明史‧劉基傳》稱「基佐定天下，料事如神。」以致後人往往把他誇大，傳說為通天神人，民間亦多以劉伯溫稱之。每逢重大事件時，有心者便打出劉伯溫的旗號，鼓舞士氣。不止著名的〈燒餅歌〉托其大名，清末民國之際，國事紛擾，更紛紛傳出劉伯溫古碑出土消息，預言國運興衰。諸如：一九〇〇年夏，北京義和團民傳言，在溫泉山煤洞中掘出劉基預言碑一塊，內有「最恨合（和）約一誤，致皆党鬼殃民。」等語，說明不平等條約是人民災難的根源，義和團藉此號召群眾，民氣可用。考其出土時機以及碑文內容，雖屬偽造以圖激揚民心，但也相當程度反映了晚清民心浮動之情。該石碑為北京歷史博物館所藏，碑文全文：

> 庚子三春，日照重陰，君非桀紂，奈有匪人。最恨合約一誤，致皆党鬼殃民。
>
> 上行下效兮奸宄道生，中原忍絕兮羽翼洋人，趨炎附勢兮四畜同群，逢天壇怒兮假于良民，紅燈暗照兮民不迷經，義和名教兮不約同心。
>
> 金鼠飄洋孽，時逢本命年。待到重陽日，剪草自除根。（〈劉伯溫伏碑記〉）〔註72〕

甚至抗日戰爭初期，也有傳出劉基石碑預言日本侵華必敗，鼓舞人心的事件披露出來，民國二十七年（1938）十二月五日《申報》一則新聞刊載了標題醒目「古預言家　劉伯溫回天碑出土　抗戰必獲勝利」的消息。石碑預言，技法雖老，卻也有助凝聚民心士氣，努力齊心對日抗戰。其記：

> 新上海社云：頃據浙東來人談，鄞興整理爐峰委員會，日前雇石工開廣爐峰仙人橋，斧斤之下，在石橋下發現明代青田劉基預言之回天碑一方，其碑長二尺半，闊一尺半，石刻尚極清晰，察其語意，則為抗戰必獲最後勝利，勖江浙英傑努力，事雖可異，然碑文殊有深意，蓋與今日狀況，頗多符合也。茲錄如下：「一回天碑，起七七，

〔註72〕北京歷史博物館主編：《中國近代史參考圖片集》（上海：上海教育出版社，1958年），中集，頁113。

終七七，冀、寗、粵、漢、暗無天日，引胡深入，一鼓殲滅，吳越
英傑，努力努力，青田劉基題。」〔註73〕

「起七七、終七七」竟被言中，不信者認爲是附會、巧中，但信者則認爲全
面抗日的確始於七月七日，而日本戰拜宣布無條件投降之日乃一九四五年八
月十四日，此雖非七七之數，但該日中國農曆爲七月初七，也應七七之數。
也因此，無怪乎時人信之者更將劉基視爲神人了。事實上，劉基的大名在清
末民初之際，是遠勝於李淳風的。當然，這有其時空背景因素使然，除劉基
生年與清末較近外，反清人士極力吹捧劉基乃前朝神人，將之視爲反清復明
精神領袖，也有很大的關係。也因此，誠如陳學霖考證所言，〈燒餅歌〉的名
氣在清末當時，其實是遠較《推背圖》來得大，故而當時亦有民間將劉基視
爲《推背圖》作者的情況。

馬敍倫（1885～1970）對於劉基讖語影響時人，也有一番見解，其認爲
世傳劉基讖語，並無眞憑實據，同樣的李淳風《推背圖》，亦無憑據。其云：

讖語……唐有李淳風《推背圖》，明有劉基〈燒餅歌〉亦未可據。……
冒鶴亭廣生《小三吾亭隨筆》……謂：「道光中、民間競傳七字，謂
合國朝七聖紀年之數，曰：「木、立、斗、非、共、世、極。」「木」
字文爲十八，屬世祖。「立」字文爲六一，屬聖祖。「斗」字文爲三，
屬世宗。「非」字文爲兩三十，屬高宗。「共」字文爲廿六，而六字
缺一，屬仁宗。「世」字文爲卅一，屬宣宗。其時宣宗未崩，解者謂
是卅一年，及庚戌正月升遐，乃悟其義。蓋謂在位三十年，而一年
則屬後人也。然求極字之解，終不可得。庚申八月，英人犯都城，
鑾輿東狩，明年七月駕崩。好事者以離合推之，乃十年八月了，口
外又一年也。當時聞者紛紛傳說，驚爲神異。」余謂事固神怪；然
文宗以後，尚有同、光、宣三朝，何以竟不入數？是「道光中民間
競傳」者，因有傳者其人歟？否則或同治初有巧思者構造之，而托
於道光時傳說耳。

《良友》第九十五期有〈劉伯溫讖語〉云：「五百六年見。泰山甲
乙，沈沮利楫；周召遺陰，子肇帝業；草冠木屐，中合三一；蒼穹
雷動，爲君輔弼；古耄是獨，作俑稱德；輕重在握，功立殊域。兄

〔註73〕編者：〈古預言家　劉伯溫回天碑出土　抗戰必獲勝利〉，《申報》，1938 年 12
月 5 日。

余運南方出君臣，應現□說妙童，先復銅柱，後定鼎水。牛九轉，起前程。天運洪武六年歲在癸丑三月穀旦，命討蠻將軍郭愈携往象郡，瘞於交趾疆界，劉基占誌。」

余謂世傳伯溫讖語甚多，然果出伯溫否？未有證也。洪武六年癸丑，紀年屬合，而郭愈待考，且即使語出伯溫，而自洪武六年迄今早逾五百六年之數；無驗明矣。〔註74〕

綜上，劉基之所以被後人神話，並在民間廣為傳說其讖語，實有其政治革命者鼓吹之背景。馬敍倫、陳學霖等學人，從學術嚴謹角度，考證論述有關劉基讖語真偽，言之有據。但對於讖語究屬驗或不驗，終究存在著太多複雜的主觀個人情感的糾葛以及難以客觀科學實證因素，如同知名歷史學者唐德剛教授、傳播學者彭家發等人皆對金聖嘆批註《推背圖》傾向相信為真，就參雜諸多個人親身經驗在其中。〔註75〕

或許，正如臺灣佛光大學宋光宇教授親身感受所言：

乩者，中國古傳之道術，神人所賴以溝通也。……及至民國四十二年以還正宗書畫社成立，李壽者、李世培父子相繼執筆，世人方得目睹體驗靈乩書畫之妙……吾等侍壇日久，每見臨壇書畫……莫不震撼心靈，深讚神明渡化之妙。〔註76〕

或許，誠如蘇文擢教授所言：

變化神鬼之說是道教的另一思想系統……。先民對宇宙萬物變化的現象追求到無可解釋，就歸之於鬼神。……那些較世俗化的符籙、祝咒、占卜、扶乩、一連串活動，也可以從這方面來理解。……其實，科學固有其自己的範疇，宇宙萬物，很多不能也不必以科學來評斷，因而，在宗教玄思而言，無所謂迷信。〔註77〕

錢穆先生也在〈略論中國超心理學〉一文中，提到他的童年經驗以及事涉神異的看法，也頗具參考。

余少時在鄉間，曾見一畫辰州符者，肩挑一擔。來一農，病腿腫，

〔註74〕馬敍倫：《石屋續瀋》（上海：建文書店，1949年），頁87～88。

〔註75〕詳參本專書第七章《推背圖》各家觀點論述。

〔註76〕宋光宇主編：《正宗神乩書畫冊》（臺北：財團法人正宗書畫社，1995年），頁8。

〔註77〕蘇文擢：〈道教在中國文化教育之要義〉（香港：粉嶺蓬瀛仙館道教講座講詞，1989年）。

求治。彼在簷下壁上畫一形，持刀割劃，鮮血從壁上淋漓直流。後乃知此血從腫腿者身上來，污血流盡，腿腫亦消，所病霍然而愈。腿上血如何可從壁上流出，此誠一奇，然實有其事，則必有其理。惟其理爲人所不知，卻不得謂之是邪術。

在中國社會上，此等事既所屢見，即讀《二十五史》之五行志，所載各事，類如此等奇異者，已甚繁夥。如司馬遷《史記》，即載扁鵲能隔牆見物。果能分類整理，已可彙成大觀。其他雜見於筆記小說中者，亦甚多。即如王安石〈傷仲永〉一文，仲永在幼童時已能詩，不經學而吟詠成章。年漸長，而盡忘之。因其事關文學，故荆公特爲文傷之。其他事涉神異，中國古人不加重視。〔註78〕

錢穆先生以親身經驗及所感，認爲事涉神異者在中國社會其實是屢見不鮮，二十五史也多所記載，只是中國當朝者甚或文人未多重視，甚至故意忽略。

事實上，不僅中國二十五史裡五行志所記，奇事異聞已甚繁夥，從人類文明的發展來看，科學與迷信往往也是糾葛不清，很難驟分切割爲二。《中國方術概觀》雜術卷云：

世界各大文明的形成，大抵與「天地神人」有關。事實上，科學和迷信在中國古代往往是交織在一起。〔註79〕

薛明揚《預言》主編金良年〈主編的話〉如是云：

對於現代人來說，方術是個既熟悉又隔膜的東西。說它熟悉，在現代社會中基乎到處有它的蹤跡，即使不走出家門，每一本的《皇曆》也會打上門來；說它隔膜，大多數人對它的運作方法不甚了了，莫名其妙。有的人籠統的把方術等同於迷信，這是不太恰當的，因爲，像氣功之類的方術，還是有一定的科學道理的……當然，我們也不得不承認，傳統的方術中有很大的一部分確實屬於迷信的範疇。〔註80〕

中國古代在天文、曆法、數學、醫學、化學等領域取得世人矚目成就，大多與數術文化有密切關聯。錢穆《國史新論》云：

中國學者……看輕了像天文、算數、醫學、音樂這一類的知識，只

〔註78〕錢穆：〈略論中國超心理學〉，《超心理學研究月刊》第 37 期（1985 年 3 月），頁 2～3。
〔註79〕李零主編：《中國方術概觀》（北京：人民中國出版社，1993 年），頁 128。
〔註80〕薛明揚：《預言》（香港：中華書局，1997 年），頁 1。

當是一技一藝，不肯潛心深究。這些，在中國學者間，只當是一種博學之聞，只是在其從事更大的活動，預計對社會人生可有更廣泛貢獻之外，聰明心力偶有餘裕，氾濫旁及。此在整個人生中，只當是一角落一枝節。……國家治平，經濟繁榮，教化昌明，一切人文圈內事，在中國學者觀念中，較之治天文、算數、醫藥、音樂之類輕重緩急，不啻霄壤。〔註81〕

誠如錢穆先生所言，天文、算數、醫學等知識，在中國學者眼中就已如此輕忽漠視，只當是一技一藝，不肯潛心深究，更遑論是被視為妖言禁書的政治圖讖《推背圖》了，當然也就更加蒙上神秘面紗。

綜上可知，對於讖語事涉神異的種種看法，相當多學者抱持著開放的態度，既未「篤信其真」，也未「驟然否定」。

持平而論，讖語的流傳，不管驗或不驗，「事皆前定」也罷，「事後偽託」也可，其所代表的意義，某種程度確實反映了當時民間的思潮與情緒，諸如《俊漢書‧五行志》獻帝初，京師童謠「千里草，何青青，十日卜，不得生」，預言企圖篡漢的董卓將被殺。「千里草」合為「董」字，「十日卜」合為「卓」字。《新唐書‧五行志》唐天寶中童謠「燕燕飛上天，天上女兒鋪白氈，氈上有千錢」，預言安祿山叛變。天寶十四載安祿山以范陽叛，隔年僭號燕。

正因為這些讖語反映了民間的情緒反應與社會期待，因此屢屢應驗於當代，也可以說，從這個角度觀之，讖語並不應純粹視之為迷信；某種程度而言，圖讖的產生與流傳，有其社會價值與訊息傳播功能。例如在咸豐初年，人心騷動，北京所出現的讖謠，其實，某種程度亦反映了北京人當下的心理狀態，對於未來惶惶不安。該讖謠云：

今年不算苦，明年二三五。城內蓮花瓣，城外一片土。〔註82〕

衛紹生《中國古代占卜術》嘗云：

實際上，筆記、小說、野史、戲曲的神仙、道士、方士、術士都是超自然、超現實力量的象徵。他們預言人事，幾乎句句應驗。對相信超自然、超現實力量的人來說，他們是寧信其有而不疑其虛。當然，類似的故事只是一種「小說家言」，是其作者的想像演繹或生發，

〔註81〕錢穆：《國史新論》（北京：三聯書店，2001年），頁1381。
〔註82〕張守常輯：《中國近世謠諺》（北京：北京出版社，1998年），頁348。

如果有誰信以爲眞，不啻是自尋煩惱。

作爲一種廣化作用，讖——包含讖語、詩讖、圖讖、佛讖——的存
在，反映了部分中國人對一些偶發的具有某種巧合性的事件的認
識，他們認爲在人自身之外，在冥冥之中，存在著一種超自然，超
現實的力量，這是這種力量決定了那些偶發事件，使偶然成爲必然。
這就是中國人在無可奈何所說的「命」，這顯然是對自身力量的否
定，是對人的否定。有關讖的各種傳說和附會，正反映中國人這種
迷信外力而否定自我的文化觀念。〔註83〕

衛紹生歸結讖的存在，源自中國人相信在冥冥之中，存在一股超自然的力量，
也就是所謂「命中註定」，這顯然是對自身力量的否定，也是對人的否定，而
求助於不可捉摸的超自然的力量；而關於讖的各種傳說及附會，正反映了這
種中國歷史社會由來已久的，迷信外力而否定自我的文化觀念。

《推背圖》流傳至今，儼然爲中國預言書之代表，尤其是九十年代兩岸
三地的特殊政治氣氛，在人心浮動的情況下，不少人希望從《推背圖》中獲
得啓示，相關討論蔚爲風潮。據《九十年代》月刊〈命相風水大觀〉指出：

相對於香港來說，因爲九七將是主權轉移，要成爲中共政權之下的
特別行政區，故香港以至整個中國未來變化，難免予人吉凶未卜的
焦慮。有人希望從風水之學能提供答案，也有人希望從各種預言（如
《推背圖》、〈燒餅歌〉、〈黃蘗禪師詩〉等等）能得到啓示。前年北
京「六四」事件之後，有一段時間索解《推背圖》等預言，曾蔚爲
風潮。〔註84〕

無獨有偶，這種情況，同樣的也在臺灣發生，據中研院瞿海源教授〈術數流
行與社會變遷〉研究中指出科學之於人類，有其需求無法填補的區塊，而神
秘不可解的術數剛好填補了這樣的需求，他認爲：

科學不能解決人類所面臨的所有問題，特別是人類的社會和個人心
理問題……於是在一般人和專家科學知識欠缺的情況下，神秘的不
可解的知識就有可能填補人們的需求。不僅如此，從一九七○年代
以來，在歐美和其他一些地區術數（occult）有明顯的流行趨勢……

〔註83〕 衛紹生：《中國古代占卜術》（河南：中州古籍出版社，1991 年），頁 190、
194。
〔註84〕 〈命相風水大觀〉，《九十年代》第 259 期（1991 年 8 月），頁 74。

究竟是什麼社會因素使得術數在現代人類社會變成重大流行，特別是在臺灣社會，爲什麼九〇年代新舊中外術數會大大地流行。

> 大體而論，論者認爲是結構的不確定性造成社會心理上的不確定感……在不確定感加強而個人又無法有足夠的知識，或尋求他人足夠的知識來獲得解決時，個人就會去尋求外在的解決途徑。術數，特別是精緻的神祕的術數是重要的途徑之一。〔註85〕

勞思光院士在一九九三年爲文〈關於術數的反省〉，點出一般人之所以相信術數，主要源於對時代的失望，並藉諸神祕經驗給予心理補償與支撐。某種程度，也點出了《推背圖》之類術數書籍之所以流傳的部分原由。

> 一般人之所以相信術數，一方面是因爲對時代失望，另一方面則是因爲人覺得有把握的東西太少，於是就訴諸神祕經驗來支持自己，有點心理補償的味道……現在港、台、大陸三地，因爲局勢多變之故，一般的社會心理不安定，於是許多人便去算命……即使我們常算，也常常靈驗，但也不能就宣稱一定靈驗，因爲我們不能解釋爲何靈驗。〔註86〕

衛紹生認爲卜筮和術數之類，反映出古人對於占卜、人生命運、國運興衰的特有文化心理，並舉所見輯有《推背圖》、〈黃蘗禪師詩〉等預言的民間抄本，其中一段論述堪稱代表，也就是一般《中國預言》輯本中，載於〈黃蘗禪師詩〉前的一段話：

> 龜著有靈乎？運數有定乎？狂達者視之，無不斥爲妄說。然宇宙之事，每有出人意外而不可道理喻者，如以上所錄，李淳風、袁天罡之《推背圖》、李淳風之〈藏頭詩〉、鐵冠道人之〈鐵冠數〉、劉伯溫之〈燒餅歌〉，皆以數千百年前之人，逆料數千百年之後之事，歷歷數出，絲毫不爽。及吾人己身所經歷者，亦語語應驗，斷斷非好事者所能附會也。噫！龜著真有靈耶？運數真有定耶？抑吾人心勞日拙，神志昏亂，而無沉潛精銳之思，反轉以妄誕誣之也？〔註87〕

出此言者雖無具名，但也的確反映出大多數對卜筮術數深信不疑者的共同心

〔註85〕瞿海源：〈術數流行與社會變遷〉，《臺灣社會學刊》第 22 期（1999 年 10 月），頁 6～8。

〔註86〕勞思光：〈關於術數的反省〉，《哲學雜誌》第 3 期（1993 年 1 月），頁 2～8。

〔註87〕衛紹生：《中國古代占卜術》（河南：中州古籍出版社，1991 年），頁 36。

理，以及傳統中國社會的特殊氛圍。簡言之，對於《推背圖》之類預言相信其為眞者，自有其執迷之處，也就是所謂：迷而信之！信而不疑！

　　唐德剛在《晚清七十年》，對於《推背圖》預言，言談之間透露的訊息，似乎是傾向相信的，所引讖言為金聖嘆批註版本，以其歷史學者背景，寧願相信破綻明顯的金聖嘆批註版本出自千年前唐朝李淳風之《推背圖》，倒是頗出人意料，或許與其童年親歷扶乩作詩經驗有關。其云：

> 最近從香港傳來的大陸故事說，新任國家元首江澤民對中國古老的預言書《推背圖》，發生了興趣。此一傳聞可能是好事者所捏造。但是縱使實有其事，也不值得大驚小怪。試問秦皇、漢武、唐宗、宋祖乃至我們的蔣總統、毛主席——我國歷來的統治者有哪個不相信讖緯之學和子平之術？……江公今日雖然位尊九五，貴不可言……興致好的時候談談《推背圖》，聊聊〈燒餅歌〉，算不得什麼「提倡迷信」。……可是「預言書」這宗迷信是在世界任何文化中都存在的。每每都有奇驗。……

> 最不可思議的則是《推背圖》在這方面也把毛公描畫得鬚眉畢露。在《推背圖》第四十一象的「頌」中，預言者寫了下面的四句「帽兒須戴血無頭，手弄乾坤何日休，九十九年成大錯，稱王只合在秦州」。在這四句中，除第一句仍不可解之外，其他三句不是把毛氏對中國大陸二十八年的統治，說得入木三分？……

> 《推背圖》的作者竟能於千年之前為吾輩「預言之」。縱使是「迷信」、是「僞造」、是「巧合」……無論怎樣，歷經此劫者在家破人亡之後讀之，也是發人深省吧！〔註88〕

中央研究院統計科學研究所前所長魏慶榮，專研數理統計國際知名，曾以〈聖經眞的藏有密碼嗎？〉為題發表文章，以金批本第一象及第四十二象圖示介紹說明《推背圖》，並分別於 2000 年 10 月 18 日中央研究院學術演講及 2001 年 5 月 10 日高雄大學應用數學系演講時提及，其云：

> 對於難以測知的未來，如果有人或有些事物能揭露其奧秘，一定會引起社會上的轟動。而中國預言中最家喻戶曉、膾炙人口的，要屬一千三百多年前，唐貞觀年間袁天罡及李淳風合著的《推背圖》，書

〔註88〕唐德剛：《晚清七十年》（貳：太平天國）（臺北：遠流出版公司，1988 年），頁 59～64。

中利用籤詩與卦圖，分別預言唐代以降的國運興亡。

《推背圖》與其他預言書（如：記錄朱元璋和劉伯溫之間對話的〈燒餅歌〉）都有個特色，就是解釋的空間彈往相當大，後人可以根據已經發生的歷史，對相關的文字和圖形，做出合乎己意的註解，因此往往予人所言靈驗的印象。因而每個朝代都把《推背圖》列為禁書，但這並不是當政者相信預言的正確性，而是怕謠言四傳，人心浮動，有危及政權的可能。〔註89〕

楊紅林所編《歷史上的大預言》，分章列舉中外著名預言，其中對《推背圖》所下註解，雖然文字著墨不深，內容也有不確，或許是編者綜整抄引他人之說，但也相當程度反映部分社會大眾對《推背圖》的看法，認為現存《推背圖》是經由不同時期的人「集體創作」而成：

《推背圖》相傳是中國唐朝太宗皇帝時期，著名的天相家李淳風和袁天綱所作 從流傳下來的內容來看，《推背圖》是由《周易》推演而成，每一卦象以八八六十四卦之一起始，共六十象……由於《推背圖》流傳久遠，期間不乏各種偽作，目前較可信的為明末才子金聖嘆批註版本。不過近代以來，許多歷史學家提出質疑。他們認為，事實上，唐代武則天時期，朝廷對謠讖的禁止是相當嚴酷的，不要說推算謠讖之文，就是家中收藏謠讖也要有滅族之禍，因此，所謂《推背圖》由李淳風和袁天綱創作的說法是不成立的。目前最可靠的說法是，我們現在所見的形形色色的《推背圖》，大部是由不同時期的無數作家「集體創作」的，而產生的最早時間大約在五代時期。即便如此，我們仍能通過《推背圖》中的一些預言體會到它的神奇性。〔註90〕

綜章而論，關於《推背圖》儘管各家之言仁智互見，但不可否認，《推背圖》確實影響中國歷朝歷代深遠。本文之所以不厭其煩列舉史料所載有關「天命之說」、「巫祝祥異」、「讖緯術數」等事例，無非意圖引領大眾將《推背圖》放入歷史傳統情境裡頭重新檢視，以利理解《推背圖》何能禁之不絕流傳久

〔註89〕 魏慶榮：〈聖經真的藏有密碼嗎？《一場統計論戰》〉，《科學月刊》第 32 卷第 1 期（2001 年），頁 119。

〔註90〕 楊紅林編：《歷史上的大預言》（臺北：知本家文化事業公司，2010 年），頁 232～233。

遠的背景所在。換言之，今日探討關於《推背圖》種種，個人認為，並不
宜用「現代科學」的觀點，甚至是用「後見之明」的態度恣意評斷，完全否
定其存在價值，反倒是從「歷史脈絡」中持平論之，始得還其應有樣貌以及
價值。